LATVIA! TRIVIA!

世界遺産の都へ「ラトビア」の魅力100

Text & Photo
ウエミチメグミ
三宅貴男
Supervision
西田孝広

Priekšvārds
はじめに

歴史的遺産と手つかずの自然、二つの美しいものが共存する小さな国ラトビア。この国に出会ったきっかけは、とあるカフェで手にした美しいデザインと繊細な口どけのチョコレートでした。「ラトビアっていう国のチョコレートで、すべて女性だけの手でつくられているんだって。この国はとっても街が綺麗なところらしいよ」とカフェの主人が教えてくれました。1枚の板チョコをここまで美しく仕上げるなんて、どんな人たちなんだろう……。折よくヨーロッパ行きを控えていた私は、いてもたってもいられず予定を組み替えラトビアにも立ち寄ることにしたのです。
首都リーガには、いたるところに中世の香りが残ります。いくつもの文化的、民族的様式が混ざる建築物群は、ときに勇敢で、ときに悲しい歴史と物語を連想させます。一方で、北欧らしい洗練されたデザインとアートが街に溢れ、小さくて個性的なカフェやお店が軒を連ねます。人々はシャイで優しく、片言のラトビア語での挨拶にも皆、はにかみながらも笑顔で応えてくれます。
はじめての景色や言葉。多くの旅がそうであるように、少しの緊張感を忘れずに心を開いて街を歩けば、そこで出会うものすべてがきっとあなたの宝物になるでしょう。本書ではぜひ足を運んで欲しい名所や、日本ではまだ紹介されていない、小さいけれど素敵なカフェや雑貨屋さん、旅の役立ち情報などを100のテーマに分けて紹介しています。みなさんの旅が素敵なものになりますように！

ウエミチメグミ

Saturs
コンテンツ

Priekšvārds | P2
はじめに

Informācija 1 | P8
知っておきたい
ラトビアの基本情報

01 Latvija | P10
ラトビア

02 Nokļūšana 1 | P14
日本からのアクセス

03 Eiro | P15
ユーロ

04 Lidosta | P16
リーガ国際空港

05 Nokļūšana 2 | P18
空港から旧市街へのアクセス

06 Sveiciens | P19
挨拶

07 Rīga | P20
リーガ

08 Vecrīga | P22
旧市街

09 Vēsturiskās ēkas | P26
歴史的建造物

10 Apskates vietas 1 | P28
ランドマーク(一望する編)

11 Apskates vietas 2 | P30
ランドマーク(見上げる編)

12 コラム | Kinofilmas | P32
日本とラトビアをつなぐ
2本の映画

13 Parki | P34
公園

14 Ligo | P36
夏至祭

15 Bibliotēka | P37
図書館

16 Muzeji | P38
博物館

17 Daugava | P40
ダウガワ川

18 Koka ēkas | P42
木造建築

19 Kaķu māja | P43
猫の家

20 Baznīcas | P44
教会

21 コラム | Opera | P46
世界的ディーバやダンサーを
輩出する名門歌劇場

22 Tirdziņi | P48
カルンツィエマ・マーケット

23 Skulptūras | P52
彫刻

24 Fotogrāfija | P54
写真

25	Viesnīca NEIBURGS | P56 ホテル・ネイブルクス	39	Tērbatas iela | P80 テールバタス通り
26	Hosteļi | P58 格安ホステル	40	Autobuss un tramvajs | P82 バスとトラム
27	Internets | P59 インターネット	41	Biļešu pārbaude | P84 検札
28	コラム | Vīns | P60 ラトビア産ワインの挑戦	42	Narvesen | P85 ナルヴェセン
29	Lielveikali | P64 スーパーマーケット	43	Bruģis | P86 石畳
30	NelleUlla | P66 ネレウラ	44	Vilciens | P88 鉄道
31	Skrīveru saldumi | P68 小さな街スクリーベリのスイーツ	45	Cēsis | P90 中世の古都ツェーシス
32	Gotiņa | P70 グォティニャにまつわるエピソード	46	Sigulda | P92 自然を楽しむ街スィグルダ
33	Vecrīga? | P71 「旧市街」を食べる？	47	Sklandrauši | P94 クルゼメ地方のお菓子スクランドラウシ
34	Ziedu tirgotava | P72 花屋	48	Jūrmala | P95 美しき砂浜海岸ユールマラ
35	Tirgus | P74 中央市場	49	Latgale | P96 ラトガレ地方の豊かな歴史
36	Alkohols | P76 アルコール	50	Zemgale | P97 ゼムガレ地方の宮殿
37	Sports | P77 スポーツ	51	コラム | Mode | P98 誇り高き女性たちが牽引する活気あるファッション界
38	コラム | Maratonskrējiens | P78 世界遺産の街リーガを駆け抜けよう	52	Dūraiņi un adījumi | P100 ミトンとニット

53	Dažādas preces | P104 雑貨	67	Pankūkas | P128 パンケーキ
54	Aromāts | P106 アロマ	68	Saldējums | P129 アイスクリーム
55	Kosmētika | P108 化粧品	69	Melnā maize | P130 黒パン
56	Sveces | P109 キャンドル	70	Brokastis | P132 朝食
57	Lins | P110 リネン	71	Medus kūka | P133 メドゥス・クーカ
58	Rokdarbi | P114 ハンドクラフト	72	Tēja | P134 茶文化
59	Sieviešu Spēks | P115 ウーマン・パワー	73	Kafija | P135 コーヒー
60	Grāmatas | P116 ブック	74	Saldumi | P136 ラトビアならではのお菓子
61	Interjers | P118 インテリア	75	Siers un kefīrs | P137 チーズとケフィール
62	Suvenīri | P120 お土産	76	Zupa | P138 スープ
63	コラム | Literatūra | P122 ナショナリズムとともに 発展した文学と新たな試み	77	コラム | Virtuve | P140 ヘビー＆ハーティーから ヘルシー＆スタイリッシュへ
64	Šokolāde | P124 チョコレート	78	Kafejnīcas | P144 カフェ
65	Ogas | P126 ベリー	79	Mākslas kafejnīca Sienna | P148 カフェ・シエナ
66	Zāļu tēja | P127 ハーブティー	80	arbOOz | P150 アルブーズ

81 Varonis | P152
英雄伝

82 Valsts karogs | P153
国旗

83 Tirdzniecība | P154
交易

84 Dzintars | P155
琥珀

85 コラム | Vēsture | P156
苦難の歴史、悲願の独立、
EU加盟、ソ連時代の遺産

86 Ūdens | P158
水

87 Vasara | P159
夏の楽しみ

88 Lietus | P160
通り雨

89 Saule | P161
太陽

90 Ziema 1 | P162
冬の夜明け

91 Ziema 2 | P163
厳冬

92 Ziema 3 | P163
冬のリーガあれこれ

93 Ziemassvētki | P164
クリスマス

94 コラム | Dziesma un koris | P166
歌はラトビア人の魂、合唱は
ラトビア人のアイデンティティー

95 Velosipēds | P168
自転車

96 Tualete | P170
公衆トイレ事情

97 Pasts | P171
郵便局

98 Izkārtnes | P172
街の看板で学ぶ
ラトビア語講座

99 コラム | Māksla 1 | P174
リーガのアートシーン

100 コラム | Māksla 2 | P175
ロスコの故郷に誕生した
アートセンター

Karte | P176
マップ

Indekss | P180
インデックス

Informācija 2 | P186
ラトビアの行き方・動き方

Informācija 3 | P188
日本でめぐるラトビア

Pēcvārds | P190
おわりに

Informācija 1
知っておきたいラトビアの基本情報

国名	ラトビア共和国（Latvijas Republika）
首都	リーガ（Rīga）
建国	1918年（2018年に建国100年）
位置	北緯56度（スコットランド北部、アラスカ半島と同緯度）
面積	64,589㎢（北海道の約60％）
公用語	ラトビア語
人口	約196万人（2016年）
政体	共和制
議会	一院制（議席100、任期4年）
民族	ラトビア人約61％、ロシア人約26％、その他ウクライナ人、ポーランド人、ベラルーシ人など（2014年）
宗教	キリスト教（プロテスタント、カトリック、ロシア正教）
治安	概ね良好（駅付近、夜間は気をつけること）
時差	－7時間（サマータイム実施時は－6時間）

気候	四季があり、春と秋が短く、冬が長い。最も暑い時は30度以上、最も寒い日は－30度以下になる
通貨	ユーロ
物価	公共交通機関の運賃や施設等の入場料、食料品は日本より安い
電気・プラグ	220V／50Hz（プラグはCタイプ）
電話	無料Wi-Fiが普及。出国前にモバイルWi-Fiをレンタルすればさらに安心。SIMフリーの携帯電話持参なら、現地SIMを簡単に購入可能
チップ	伝統的にチップの習慣はなかったが、飲物だけなら1ユーロ程度、食事の際は10％程度を目安に置く人が多い
税金	21％の付加価値税（内税）
入国	ラトビアを含むシェンゲン協定国へ観光目的などで短期入国する場合、一定の条件を満たせばビザが免除される。詳細は大使館ウェブサイトmfa.gov.lv/jp/japan/ling-shi-qing-bao参照
年間行事	1月1日＝新年／3月下旬＝イースター※／6月23、24日＝夏至祭／11月18日＝独立記念日／12月25日＝クリスマス／12月31日＝大晦日（※年によって変わる移動祝祭日）

Latvija   01

ラトビア

世界地図で探すと、スウェーデンやフィンランドの近くにある北欧の国、ラトビア。北はエストニア、南はリトアニアと国境を接し、西はバルト海に面しています。そう、教科書に載っていたバルト三国の一つです。北海道よりも小さな国土の中に、3,000を超える湖と広大な森林が広がる、自然豊かな森の国。最も高い山でも300ｍほどと起伏は少なく、ちょっと高い場所から見下ろすと、白樺の森がどこまでも続いています。バルト海が夏に涼しい空気をもたらし、かつ冬の冷え込みをやわらげるため、高緯度に位置するわりに気候の変化がおだやか。主食はライ麦を使ったパンとじゃがいもが中心で、乳製品やベリー類も豊富です。この地には、言語も風習も異なるいくつかの民族が暮らしていました。人々は天体や自然現象を神として崇拝し、古くからの言い伝えをダイナと呼ばれる民謡で伝承してきました。そこに13世紀はじめ、キリスト教の布教を目的としてドイツ人が入植し、諸民族を支配していきます。その後、20世紀末に独立するまで、ドイツ、ロシア、スウェーデンとさまざまな国の支配下におかれたこの国は、今でもキリスト教文化と、土着の自然信仰文化が共存しています。クリスマスやイースターを祝う一方で、夏至を祝うリーゴ（P36）も人々の大切なイベント。ラトビア人の誇りでもあるダイナは今も歌われ、5年に1度開催される歌と踊りの祭典で盛大に披露されます。

©Akiko Mizoguchi

Nokļūšana 1　　　02

日本からのアクセス

日本からラトビアへ行くには、ヨーロッパの都市、トルコなどで乗り換えが必要です。リーガ国際空港（P16）へ就航しているエアラインはいろいろありますが、おすすめしたいのは、ヘルシンキ経由のフィンランド航空、フランクフルト経由のルフトハンザ・ドイツ航空、コペンハーゲン経由のスカンジナビア航空、イスタンブール経由のトルコ航空など。出発地や現地でのプラン、貯めたいマイルやバーゲンセールの有無など、いろいろな条件に合わせて選びましょう。最短時間でリーガに到着できるのはフィンランド航空で、乗り換え時間も含め約14時間で到着できます。ヘルシンキ・ヴァンター国際空港はコンパクトで、乗り換えゲートへの案内も丁寧。はじめての人でも不安なく動けます。ヘルシンキ行きの便は、成田空港・中部国際空港・関西国際空港・福岡空港など日本各地から出発できて、利用しやすいのもメリットです。また、ルフトハンザ・ドイツ航空を使えば、羽田空港からも出国できます。ただし、経由地フランクフルト・マイン国際空港は、ターミナル間の移動が必要なので、時間に余裕をもってプランを組みましょう。機上からしか見られない光景も便によってさまざまです。例えば、リーガ～フランクフルト間のフライトでは、ちょっと窓の外を覗くと隣国リトアニアにあるクルシュ砂州（100kmに渡り伸びる砂の岬）を一望できます。旅をより思い出深くしてくれる風景に出会えるかもしれません。

Eiro 03

ユーロ

かつてはラッツ(Lats)という通貨単位でしたが、2014年にユーロが導入されました。ラトビア語では「エイロ」と発音します。リーガ市内ではいたるところに両替屋がありますが、お店の前に掲示されたレートを見ると全体的に日本より割高。事前に日本で両替したほうがいいでしょう。クレジットカードを使ったユーロの引き出しはラトビア国内の銀行ATMで可能です。画面の表示はラトビア語→英語に切り替えられるので操作は簡単。クレジットカードはほとんどのお店で使えますが、カフェやベーカリーなどでは一定金額以上でないと使用できないことがあります。また、100ユーロなど大きな金額の支払いは断られる場合があります。

Lidosta

リーガ国際空港

ヘルシンキ、ロンドン、フランクフルトなどシェンゲン協定※国を経由してリーガ国際空港に到着した場合、特別な手続きはありません。荷物をピックアップしたら、「Welcome to Riga!」と掲げている観光案内所へ。ここでバスのチケット、エタロンス（e-talons／P186）を買うことができます。リーガを出発するときは、航空会社のウェブサイトからオンラインチェックインを済ませておきましょう。混み合う場合も多いので、早めに着いて手続きをすることをおすすめします。一方、小さめのバックパックを背負った若者や出張に向かうビジネスマンなど大きな荷物がない人は、あらかじめスマートフォンにモバイル搭乗券をダウンロードしておくのが一般的のようです。

04

荷物が機内持ち込みOKであればカウンターに並ばなくても搭乗手続きを済ませられるので、大幅に時間が短縮できます。空港からリーガ市内へのバス（22番/222番、行き先は「Lido sta」）は6～24時の間、1時間に3～6本が運行されています。土日祝日は平日よりも運行本数が少なくなるのでご注意を。また、タクシーを使えば、市内まで10～15ユーロ程度です。2人以上の場合はより割安になるのでおすすめです。空港ビルにはラトビア料理レストランのリド（Lido）や、免税店エリアもあるので時間つぶしには困りません。早朝の出発や夜遅くの到着には、空港ビルから徒歩3分のホテル・スカイハイも便利です。

※シェンゲン協定＝ヨーロッパ26か国が加盟する協定で、加盟国のいずれかに入国すると、他の加盟国に移動する際の審査が免除される。

Nokļūšana 2　　　　　　05

空港から旧市街への アクセス

リーガ市内に行くバスには各停留所に止まる22番と、主要なバス停のみ止まる急行222番の2種類があります。所要時間は各停が約30分、急行なら約15分。前者は空港からダウガワ川までの間、リーガならではの木造建築群が残された住宅街の中を走ります。長時間のフライトで疲れているなら、急行バスで素早く旧市街入りするのもいいでしょう。どちらのバスも最終的にリーガ中央駅の手前にあるデパート、ストックマン前のバス停に止まります。旧市街に近づくにつれて教会の尖塔が見えはじめ、徐々にダウガワ川と美しい街並みが目の前で大きくなっていくあの光景は、何度訪れてもワクワクしてしまいます。

Sveiciens 06

挨拶

ラトビアでも他のヨーロッパ諸国と同様、若い人を中心に英語が通じやすいので、ラトビア語が話せなくても旅行中に大きな支障はありません。ただ、その国の言葉でやりとりができれば喜びもひとしお。どこの国でもそうですが、やっぱりラトビアの人たちも、旅行者がラトビア語を話そうとしている意志が伝わるととても喜んでくれます。「こんにちは」の意味の「ラブディエン(Labdien)」、「ありがとう」の意味の「パルディエス(Paldies)」だけでもいいので、恥ずかしがらずに使ってみましょう。お店に入ったときに一言ラブディエンというだけで、店員さんも快く接してくれるはずです。ラブディエンの発音のポイントは、「ディ」にアクセントをおき、「ィ」を心持ち強めに伸ばすことです。他にも、便利なラトビア語に「どうぞ」「どういたしまして」の意味の「ルーヅ(Lūdzu)」があります。英語の「You're welcome」「Please」「Here you are」のすべてに使えるイメージです。最後の「ヅ」にアクセントがあり、「ルーヅッ」と弾むように発音します。みんな「ヅ」のところで口角をキュッとあげて微笑むので、この言葉は微笑みと1セットになっているのでは？と思うほど。無愛想なカフェのお兄さんですらルーヅというときにははにかんだような笑顔を見せてくれました。挨拶のほかに、「Yes／No」の意味の「ヤー(Jā)／ネー(Nē)」、1〜9の数字も頭に入れておくと便利です。

挨拶など

こんにちは	Labdien	ラブディエン
ありがとう	Paldies	パルディエス
どういたしまして	Lūdzu	ルーヅ
はい	Jā	ヤー
いいえ	Nē	ネー

数字

1	Viens	ヴィエンス	6	Seši	セシ
2	Divi	ディヴィ	7	Septiņi	セプティニ
3	Trīs	トリース	8	Astoņi	アストーニ
4	Četri	チェトリ	9	Deviņi	デヴィニ
5	Pieci	ピエツィ	10	Desmit	デスミット

Rīga

リーガ

ラトビアの首都であり、人口70万人を超えるバルト三国最大の都市です。一国の首都らしい活気に溢れていると同時に、旧市街の街並みは、中世の雰囲気を色濃く残した魅力に満ちています。バルト海の真珠と讃えられるリーガの美しい街は、1999年に世界文化遺産に登録されました。1201年に入植したドイツ人によって拓かれ、のちにドイツ商人中心のハンザ同盟の一員となり大きく繁栄したため、今に残る街並みは「ドイツよりもドイツらしい」といわれることも。旧市街の周りに広がる新市街は、おしゃれなセレクトショップやカフェがたくさんあり、北欧らしいかわいい雑貨の買い物も楽しめます。

07

Vecrīga

旧市街

晴れた日には、迷わず聖ペーテラ教会の展望台に行ってみてください。ダウガワ川の雄大な流れや、パステルカラーの建物がどこまでも広がるリーガの街並みが見渡せます。展望台はいつも強風が吹きつけていますが、それでも必死にカメラを構える観光客でいっぱいです。塔の上から見下ろすリーガの旧市街は、1時間もあれば周囲をぐるりと回れるくらいコンパクト。史跡や観光名所、おしゃれなカフェなど素敵なお店が密集しています。聖ペーテラ教会やブラックヘッドの会館、三人兄弟といった見ごたえのある建物が集まるエリアが旧市街の中心になります。中央を東西に走るカリチュ通り（Kaļķu iela）で街は大きく二つに分けられ、北側には歴史的建造物

08

や観光スポットが、南側にはデパートやセレクトショップ、宿泊施設が並んでいます。地図を見ながらでも迷いそうになる複雑なつくりの街なので、広場や教会など目立つものの位置を頭に入れて歩くといいでしょう。街が拓かれてから800年余り。一大商業都市として発展した栄光は、荘厳な大聖堂や教会、飾られた中世の紋章、時代を超えて威厳を保つ建築の数々から感じ取ることができます。旧市街を歩くときは、広場や路地などのちょっとしたところにも目を向けてみてください。ある日には広場にアコーディオンを演奏する人がいたり、また別の日には教会の横で絵を描く画家がいたり。味わい深い旅になること間違いありません。

Vēsturiskās ēkas 09

歴史的建造物

時代ごとの歴史的建造物が今でも良好な状態で保存され、ユネスコの世界文化遺産都市にも指定されているリーガ。なかでも市街地北部のアルベルタ通り（Alberta iela）やエリザベテス通り（Elizabetes iela）に並ぶ、ユーゲントシュティール建築群と呼ばれる建物の数々は人気の観光スポットの一つです。20世紀初頭に建築された4～5階建ての建物の壁面には、いたるところに女性の像やデフォルメされた顔、動植物などのレリーフが繊細な曲線と力強い直線で彫り込まれています。フランス語ではアールヌーヴォー様式と呼ばれるこれらの装飾は、当時最先端といわれた構造美や様式美を擁して100年以上にわたり、通りを歩く人々を魅了してきました。

Apskates vietas 1

ランドマーク（一望する編）

リーガ中央駅南側（駅前の繁華街とは反対側）に建つ科学アカデミー。17階の展望デッキからは、リーガの街と雄大なダウガワ川を一望できます。ここから見る夕暮れの旧市街はため息がもれるほどの美しさ。科学アカデミーの入り口は薄暗く、「入っていいの？」と躊躇していると、「あ、4ユーロです。エレベーターで上がっていってね」と職員の方が声をかけてくれました。旧市街の聖ペーテラ教会にも展望台があり（P22）、かわいらしい色彩の街並みを間近に見下ろせます。細い石畳の道をはさんでひしめく、キュートな建物たちと賑わう広場。活気ある街の様子が伝わってきます。

Apskates vietas 2   11

ランドマーク（見上げる編）

旧市街と新市街の境にあるブリーヴィーバス大通り（Brīvības bulvāris）。1935年、ラトビアの最初の独立時代に建てられた自由記念碑の上に、星を掲げた女性像があります。彼女の名はミルダ。ラトビアの三つの地方を表す星を手にしています。記念碑を背にして新市街へ向かうと、突如現れるのが古聖ゲルトルード教会。かつてリーガの人々が旅に出る前に祈りを捧げた教会で、外壁には繊細な装飾が施されています。真っ青な空を背景にそびえるレンガの赤茶色と青銅屋根の美しさに思わず息をのみました。ブリーヴィーバス大通りの手前、旧市街側にはチョコレートメーカー ライマ（Laima）の時計塔があり、待ち合わせスポットとしても有名です。

自由記念碑 & ライマの時計台 ＝ ⓜP178、古聖ゲルトルード教会 ＝ ⓜ177 ⓘP180 | 31

Kinofilmas

上©Film studio DEVINI、左下©Krukfilms / Loaded Films

日本とラトビアをつなぐ
2本の映画

「ルッチと宜江」は、鶴田宜江さんが、81歳になるラトビア人のルッチおばあちゃんの家に住み込んで友情を育くんでいくドキュメンタリー映画。2015年に公開され、ラトビア映画祭で最優秀長編ドキュメンタリー映画賞をはじめとする4賞を独占。授賞式では、最優秀ドキュメンタリー監督賞に輝いたイナーラ・コルマネ監督に、「二つの異なる世界を結びつける能力は素晴らしい。そして、それを真摯かつ効果的に人々に伝えることはさらに素晴らしいことです」と文化大臣から祝福の辞が贈られた。ちなみに、監督も大臣も女性である。

ルッチおばあちゃんの住む西クルゼメ地方スイティ村は、一説によれば、

17世紀にこの地を統治した領主がポーランドで恋に落ちたことがきっかけでカトリックへと改宗。人口3,000人ほどの過疎の村だが、プロテスタントが多数派を占めるこの地には独自の風習が息づいており、近年その伝統を後世に残そうという機運が高まっている。2人の女性の国籍や世代を超えた友情は時を経るに連れて深まり、自らの祖母の面影にルッチおばあちゃんを重ねる宜江が、帰国後も、「体が二つあれば一つはいつもおばあちゃんと一緒にいられるのに」と思うまでに。日本では、EUフィルムデーズ2016の特別プログラムとして東京と京都で上映されており、拡大上映の機会が待たれるところだ。

もう1本は、リーガを舞台に桃井かおり演じる日本人女性が第二の人生を切り拓いていく大人のおとぎ話、「Magic Kimono（※2017年1月現在邦題未定）」。映画史上初の日本・ラトビア合作として、2017年春以降公開予定。マーリス・マルティンソンス監督が桃井と出会ったのは、「Loss」で最優秀監督賞と最優秀音楽賞を受賞した上海国際映画祭でのこと。結果発表後に、審査員の1人だった桃井から、「感動のあまり昨夜は眠れなかった。日本人が必要な映画を撮ることがあれば、ぜひ私を使って」とラブコールがあったのだという。それをきっかけに2人の交流がはじまる。

マーリスは、「Magic Kimono」をもともと全編日本ロケのストーリーとして構想していたが、「この素晴らしい国と美しい街をぜひ世界中の人々に知ってもらいたい」との桃井の希望でリーガに主な舞台が移された。日本ロケは、2014年にリーガとの姉妹都市締結40周年を迎えた神戸で敢行。共演にはイッセー尾形が名を連ね、気心の知れた手練れの2人がどんな演技を見せてくれるのか楽しみだ。

ラトビア側のプロデューサー、リンダ・クルクは、世界に通用する作品をつくろうとの想いでマーリスが旅行業界から映画界へと誘い入れた人物。フィンランド・ブームの火付け役となった「かもめ食堂」のように「Magic Kimono」がラトビア観光を盛り上げる日が来るかもしれない。

Parki

13

公園

旧市街と新市街の間にはいくつか広々とした公園があります。どこも芝生や花壇がよく手入れされていて、晴れた日の午後には暖かい日射しを浴びてくつろぐ人々の姿が。のんびり過ごしたいとき、特におすすめはピルセータス運河沿いの公園内にあるカフェ、アプサラ（Apsara）です。建物の外側をぐるりと囲むウッドデッキはソファ席になっていて、日射しを浴びながらお茶していると昼寝してしまいそうな心地よさ。自由記念碑から新市街に向かっていくと左手にあるエスプラナーデ公園は並木が美しく、頻繁にイベントが開催されています。クリスマス前には移動動物園「ウサギの王国」が現れ、子どもたちに大人気です。

Ligo

14

©Akiko Mizoguchi

夏至祭

6月23日はラトビア人が最も大切にしているイベントの一つ、リーゴ(夏至祭)の日。休暇を取り、街から離れて自然の中で祝う人たちが大勢いる一方、リーガの街中もお祝いモードです。あちらこちらに夏至祭のためのモチーフを飾り、行き交う人々は花輪をかぶったり花束を持ったり。車のナンバープレートも花や樫の枝で彩ります。たった6時間の、短い夏の夜の間もイベントは目白押し。ダウガワ川の河川敷には巨大な特設ステージがつくられ、一晩中ライブがおこなわれます。夏至祭の前後は公共施設も商店も基本的にはお休みなのでご注意ください。ただ、ラトビアらしさを味わうには絶好の日に違いありません。

Bibliotēka   15

図書館

空港から旧市街に向かう途中、ダウガワ川の手前に三角形の大きな建物が見えます。ラトビア国立図書館、別名は光の城※です。2014年の落成時、旧図書館から蔵書を移動させる際に「本を愛する人の鎖」というイベントがおこなわれました。14,000人の市民が参加して、手渡しで本を運んでいったのです。正面入り口をくぐると、高い吹き抜けの窓から柔らかな太陽の光が差し込みます。近代的な広いホールの中央に立って見上げると、まるで空へ向かって伸びるような美しい本の壁。最上階には展望デッキ、1階にはギャラリーやレストランがあります。

※民族叙事詩に登場する、ラトビア人の自由の証しであり知識の象徴。

Muzeji

博物館

旧市街には小さな博物館がいくつもあり、たいていは歴史ある建物をそのまま利用しています。入り口の看板をよく見ないと博物館だと気づかないところも。映画博物館は、ラトビア出身の映画監督の展示や作品の上映会がおこなわれています。リーガ最古の建物、聖ゲオルギ教会を利用した工芸

16

とデザインの博物館は、テキスタイルや陶器、民芸の展示を。かつて火薬塔と呼ばれた円筒形の建物は、ラトビア軍事博物館としてリーガの街の起源、戦いの歴史などが展示されています。年に1回開催されるEUミュージアムナイトでは、博物館や文化施設が深夜まで開館しており、入場料も無料です。

Daugava

ダウガワ川

リーガ旧市街の横を流れるダウガワ川。ロシアからベラルーシを通り、ラトビア国内を横切るように流れています。春から秋のはじめにかけて、川岸にはダウガワ川クルーズの看板がいくつも並び、散歩やベンチでくつろぐ人で賑わいます。川沿いをランニングする人もいて、まさに市民の憩いの場となっています。10kmほどダウガワ川を下るとバルト海につながるという立地から、リーガは古くからロシア、西欧諸国、スカンジナビアの文化が交錯する交易の要衝でした。リーガから伸びる幹線道路A6はダウガワ川に沿って走っており、大河の雄大さを存分に感じながらドライブするのもおすすめです。

17

Koka ēkas

18

木造建築

カルンツィエマ通り（Kalnciema iela）や古聖ゲルトルード教会周辺には、2階建ての木造建築が建ち並んでいます。茶色や淡いグリーンの壁には何度もペンキを塗った跡があり、住民が手を加えながら暮らしてきた様子がうかがい知れます。これらは20世紀はじめの住宅建築ラッシュ時に建てられた家です。ユーゲントシュティール様式や北欧風のつくりなどいろいろな様式の家が建てられましたが、第一次世界大戦の勃発とともに建築ラッシュは十数年で終焉。現在でも郊外に残る農園風の住宅は保存状態がよく、リーガが世界文化遺産に認定された理由の一つとなっています。

Kaķu māja

猫の家

リーガの街を歩いているとよく猫に出くわします。カメラを向けても逃げるどころか、時には向こうからすり寄ってくるほど人に慣れている猫も。でも、一番の人気はリーヴ広場の北側に建つ、猫の家の2匹でしょう。その昔、ラトビア人だという理由からドイツ人が支配的なギルド※に入会を拒否された商人が、抗議の意味を込めて自宅の屋根に取りつけた銅像で、当初は通りにお尻を向けていました。その後隣にコンサートホールができ、猫たちは音楽につられて向きを変えたとか。明るいベージュ色のこの5階建ての建物もユーゲントシュティール様式です。ちなみに現在1階はレストランとして利用されています。

※ギルド＝職業別組合

Baznīcas

20

教会

教会から流れてくる賛美歌やパイプオルガン、そして時を告げる鐘の音。日曜日の朝は、さっぱりと整えられた服装で礼拝に集まる人たちに出会えます。杖をつきながら通りを歩いてきた男性は、教会の前でおもむろに帽子をとり、そっと胸に手を当て、目を閉じていました。またある日は、聖ペーテラ教会で結婚式を挙げる若い男女の姿が。随一の観光スポットで挙式した2人は、大勢の観光客の拍手に包まれながら教会を後にしていきました。ラトビアではカトリック、プロテスタント、ロシア正教の教会が三大勢力。リーガ旧市街をはじめ、ラトビア国内には他にも、さまざまな宗派や様式の教会が点在しています。

Opera

右上©Sergey Ortinsky、右下©Anna Jurkovska

世界的ディーバやダンサーを輩出する名門歌劇場

ラトビア国立歌劇場は、リーガ旧市街脇に建つ新古典主義の品格ある建物で、愛称はホワイトハウス。1863年にドイツ語劇場としてオープンし、1990年代の大改装を含む幾度かの改修を経て現在の姿にいたる。
ラトビア国立オペラ・カンパニーによる同劇場での初演は、1919年、リーガ在住経験もあるリヒャルト・ワグナー作「さまよえるオランダ人」。
ここから巣立った歌手のリストには、エリーナ・ガランチャ、マリナ・レベカ、クリスティーネ・オポライス、イネッサ・ガランテ、マイヤ・コヴァレフスカヤなど、世界のオペラ界を魅了する面々が名を連ねる。米ウォール・ストリート・ジャーナル紙が、ニューヨー

クの一地区クイーンズよりも人口の少ないラトビアから、どうしてメトロポリタン歌劇場で主役を演じるような人材が次々登場するのかを考察する記事を掲載したほど。

彼女たちの多くは、国際的な成功を収めた後も、リーガでの凱旋公演を欠かさない。マリナ・レベカは、その記事の中で、「家族や友人、昔の先生、みんな私のことを知っているから、その前で歌うのは3倍難しい。でもリーガで歌うことができれば、どんな大舞台ででも歌うことができる」と語っている。

一方、本格的なバレエの初演は1922年。この国のバレエの発展に絶大な功績を残したのが、1925年にサンクトペテルブルクから赴任してきた元マリンスキー劇場のプリマドンナ、アレクサンドラ・フョドロヴァで、「ラトビア・バレエの母」と呼ばれる。

国立バレエ学校、歌劇場の出身者には、マーリス・リエパ、アレクサンドル・ゴドゥノフ、ミハイル・バリシニコフという20世紀を代表する伝説のダンサーたちがいる。中でも、現在米国で俳優としても活躍するバリシニコフは、日本人にも馴染みが深いだろう。近年は、ノーベル文学賞詩人ヨシフ・ブロツキーや20世紀初頭を代表するダンサー、ヴァーツラフ・ニジンスキーを題材とする公演のため、毎年のようにリーガを訪れている。故郷の現役ダンサーたちをリハーサルに招待して、「同僚」として気さくに接してくれることもあるという。「リーガで踊る私たちにとって、バリシニコフやゴドゥノフはアイコンであり、誇りです」と語ってくれたのは、ソリストを務めるイラナ・プホヴァ。「今は彼らほど突出した存在はいない。でも、私たちのほとんどが11歳から同じバレエ学校で一緒に訓練しているので、バレエ団全体が一つのファミリーのよう。気心が知れているので、とても息が合うんです。全員がクラシックからモダンまで幅広くこなせるのも特徴かしら」。

国立歌劇場では、ラトビアの誇る伝統や才能、そして郷土愛に思いを馳せながら、優雅で刺激的なひと時を堪能して欲しい。

Tirdziņi

カルンツィエマ・マーケット

リーガ国際空港と旧市街の間に位置するカルンツィエマ広場。ここで毎週土曜日に開かれるのが大規模な野外市場、カルンツィエマ・マーケットです。日用品や生鮮食品はもちろん、衣類やアクセサリー、クリスマスなどのシーズンイベントに合わせた雑貨類が並びます。オーガニックフードや添加物の少ない手づくりの食品を求めて足を運ぶ人もいます。売り手と買い手の距離がとっても近くフレンドリーなのも、この場所が楽しい理由の一つ。ワインやチーズ、ベーコンなどは気軽に試食できますし、どのお店の人も英語で観光客に積極的に話しかけてくれます。「一つどうだい？ おいしいよ」といわれて、ついつい買ってしまっ

22

た炭火焼きソーセージはとってもジューシー！伝統的な黒パンや、「何人で分けるんだろう？」と思うほどの巨大ケーキは見ているだけでも楽しめます。市内のカフェやケータリング店がブースを出していたり、ドライフルーツを使ったベジタリアン向けトリュフといったオリジナル商品の販売をしたりする人もいます。生活雑貨、アクセサリーコーナーには、ミトンやニット製品、リネンのテーブルウェア、熊のマスコットなど目移りしてしまうほどのラインナップ。敷地の奥の小さな小屋には、地元アーティストの作品を展示したギャラリーも併設されています。マーケット内を見まわって（ときどき腹ごしらえをしながら）とっておきの一品を見つけてくださいね。

Skulptūras

彫刻

街ではたくさんの彫刻や銅像を見ることができます。公園の遊歩道に子馬の銅像があったり、水飲み場の蛇口が彫刻になっていたりと思わぬ出会いにわくわくがとまりません。ダウガワ川沿いを歩いていると、肩に子どもを乗せた巨人の像が。リーガの守り神クリストファーです。ある夜、ダウガワ川

23

の渡守をしていた彼は子どもを対岸まで運んでいました。その子どもが翌朝には黄金になっていて、そのお金でリーガの街をつくったという伝説があります。市庁舎広場で庁舎を見上げてたたずむのは、リーガの守護聖人ローランドの銅像。後ろにそびえるブラックヘッドの会館外壁には、ギリシャ神話の神々の像が飾られています。

Fotogrāfija

写真

ラトビアには絵になるスポットがたくさん。きらびやかな装飾のブラックヘッドの会館や荘厳な教会、ユーゲントシュティール建築群（P26）などの歴史的建造物では間違いなく素敵な写真が撮れます。ダウガワ川から眺める旧市街もおすすめ。早朝・昼・夕方と時間帯によって表情を変えるパノラマを、川にかかる2本の橋から一望できます。街にはショーウィンドウや公園にたたずむ銅像など、ついついカメラを構えたくなるかわいいもので溢れています。これといった観光要素のないエリアを歩いていても、思わずシャッターを切りたくなるスポットが散りばめられていて、ちょっとした宝探し気分を味わえます。昔のラトビアやリーガに興味があるなら、旧市街の南

24

にある写真博物館に立ち寄ってみてください。ラトビアの変遷を記録した貴重な写真が多数展示されています。圧巻なのは、リーガのシンボルの一つ、聖ペーテラ教会の塔が火災で焼け落ちる様子を撮った写真。数コマに渡って撮影されていて、最後には展望台が跡形もなくなっています。この塔は災害で何度も倒れ、その度に再建されてきたのです。他にも、今と変わらず賑わう中央市場（P74）の写真や、スパイカメラといわれたラトビア生まれの極小カメラ「Minox」などの常設展示に加えて、ラトビアの若手フォトグラファーの写真展が開催されることもあります。ちなみに、ラトビアの博物館では館内の写真撮影は有料でOKとなっているところが多いので、入り口で確認してみてください。

Viesnīca NEIBURGS 25

ホテル・ネイブルクス

ドゥアマ広場からダウガワ川に向かう小路に入ると、左手にユーゲントシュティール様式の建物が現れます。ここはホテル・ネイブルクス。リーガに残る歴史的な建物をリノベーションし、2010年にオープンしたアパートメントホテルです。全55部屋のどの窓からもリーガ大聖堂や旧市街の美しい景色が望める最高のロケーション。風格漂う外観と、女性デザイナーが手がけた赤と黒を基調としたスタイリッシュな内装は「ユーゲントシュティールとモダンデザインの融合」というコンセプトを表現しています。床暖房の入った浴室、高品質のアメニティなど細やかな配慮が行き届いた客室には、ミニキッチンも完備。1階のレストラン・ネイブルクスのディナーメニューは伝統料理からローフード、ベジタリアンメニューまで幅広く、ラトビアのワインも楽しめます。「気候がよく景色も美しい6月から9月にぜひリーガを訪れて！」。支配人のクリスティーネさんからのメッセージです。

ドゥアマ広場 = Ⓜ P178、ホテル・ネイブルクス & リーガ大聖堂 = Ⓜ P178 ⓘ P181

Hosteļi 26

格安ホステル

リーガ市内のホステルには、1泊10ユーロ前後から泊まることができます。おすすめは新市街にあるセントラル・ホステル。リーガ中央駅から徒歩10分のわかりやすい場所にあり、旧市街へ行くのも簡単。ミエラ通り（Miera iela）や古聖ゲルトルード教会周辺のおしゃれなエリアへのアクセスも良好です。いちばん安い2段ベッドの相部屋は、何と6ユーロ！この値段で朝食付き。スタッフはラトビア語の他に英語、ロシア語も堪能です。館内には旅人がほしがる情報がたくさん。利用頻度の高いバス路線の時刻表、ラトビア語の挨拶の一覧、リーガの地図、独自に開催しているツアーの案内などなど。かゆいところに手が届く充実ぶりです。

Internets 27

インターネット

ラトビアのWi-Fi普及率は高く、特にリーガは1㎢あたりの無料Wi-Fiのスポット数がヨーロッパの街で一番といわれています。ヴェールマネス庭園やクロンヴァルダ公園など、屋外でも使えるところも。列車の中でもインターネットにアクセスできるので、移動しながらの情報収集にも不自由しません。ホテルやホステルなど宿泊施設もWi-Fi対応のところがほとんど。街中でインターネットを使いたいときは、店の入り口に「Free Wi-Fi」のステッカーを貼っているカフェを探せばすぐに見つかるでしょう。Wi-Fiのパスワードはたいてい店内に掲示されているか、メニュー表に書かれています。

※Wi-Fiスポット＝wifispc.com/latvia/riga

Vīns

ラトビア産ワインの挑戦

ラトビア名産のお酒というと真っ先に名前が挙がるのが、リーガ・ブラックバルザムと呼ばれるアルコール度数45％の濃い色の薬草酒。ショットやカクテルで飲んだり、コーヒーに入れたりする。冬はカシスジュースで割ったホット・カクテルがおすすめ。寒さの厳しい冬のリーガを旅するときに、カフェやバーで一息ついて温まるには持ってこいだ。今では、あらかじめブレンドされた瓶も売られている。とはいえ、普段から地元の人に一番親しまれているのはビールで、いくつもの国産銘柄がある。中でも通好みのビールとして知られるのが伝統的な製法を守るヴァルミエルムイジャ。

料理によっては、ワインを合わせるのはもちろんラトビアも同じ。ヴィーナ・

ストゥディヤなど洒落た雰囲気の中で各種のワインを気軽に試せるお店もちらほら。輸入ワインを独自の醸造方式で加工して生まれるリーガ銘柄の「シャンパン※」が朝食のビュッフェに並ぶホテルもある。

ラトビア最大の通信社でCEOを務めていたマルティンス・バルカンスが、ラトビア産の本格的なワインづくりを思い立ったのは、のどかな丘陵風景が広がるイタリアのトスカーナ地方での休暇中のこと。週末にパソコンやインターネットを離れて家族でできることはないかと常々考えていた彼の脳裏に、世界有数のワインの産地でそのアイデアが浮かんだのはとても自然なことだったという。温暖なトスカーナと北国ラトビアでは気候条件がまったく異なるのだが、「誰も成功したことがないことに挑戦するほうが、ロマンがあるだろう」とにっこり微笑みながら語ってくれた。

「実はラトビアの古い文献にワインづくりの記録が出てくるんだ。私たちの畑のあるサビレでは、その歴史は14世紀にまで遡るといわれ、街の紋章にも葡萄の図柄が使われている。ただ、同じワインという呼び名でも当時は今とは全く別物だったかもしれないけどね」。

現在までその伝統は受け継がれ、北緯57度に位置するセビレの「ワインの丘」は、2008年にノルウェーにその座を譲るまで、世界最北端の葡萄畑

としてギネスブックにその名をとどめていた。しかし、マルティンスにとっては、ただラトビア産のワインをつくるというだけでは意味がなかった。彼の挑戦は、「どこでどんなに大切なお客さまに出しても恥ずかしくない」本格的なワインを一定量以上生産すること。大人数のパーティーを一晩開けば底をつくようではダメなのだ。

通常のワイナリーであれば、栽培する葡萄の数は多くても5〜6種類ほどだが、マルティンスは、最適な品種を見極めるために40種類もの葡萄を植えた。ワインの本場を訪れて栽培方法や醸造技術を学ぶ一方、フィンランドやカナダなど他の北国でワインづくりを試みる人々とも情報交換に努めた。そうして一流の葡萄ワインづくりを志すかたわら、まずはアップル・サイダーやベリー・ワインに着手して成果を上げた。"アバヴァス"ブランドで売り出されたそれらの製品は、ボトルやラベルにも趣向がこらされ、とてもモダンでスタイリッシュだ。いかにも北欧らしくて色もきれいなカシスのワインなどは、甘過ぎずしっかりとした味わいで、お酒を飲みつけない人にもワイン好きにも喜んでもらえそう。ほんのり上品なピンクに色づくルバーブのスパークリングワインはスウェーデン女王を迎える晩餐会で提供されたほどのクオリティだ。

そして2016年、6年間に及ぶ努力の成果が結集された葡萄ワインがついに一般販売にいたった。ソラリスというドイツ由来の品種の爽やかな白ワインで、すでに専門家からも高い評価を得ている。そこまでの道のりは決して平坦なものではなかった。栽培初年と2年目は、零下34度を記録した厳冬が待っていた。そのくらいで情熱が萎えることはなかったが、葡萄ワインだけに固執しなかったことも成功の一因だという。「もし葡萄しかつくっていなければ、これまでの6年間、友人が遊びに来てももてなすものが何もなかったわけだからね」。

「私は今『何をされてる方ですか？』と聞かれると『人をハッピーにする仕事です』と答えてるんだ。ワインを少し飲むと誰でもちょっとハッピーな気分になるだろう？」。

28

マルティンスは2015年にメディア事業を売却し、現在ではアバヴァスでの活動に専念している。映画監督フランシス・コッポラなどワイナリーを営む著名人は多いが、そこには成功者のステータス・シンボルという意味合いもあったのだろうか?「動機はもっとシンプルでロマンチック。ただワインをつくりたいだけなら、トスカーナに畑を買うほうが楽だし安上がりだっただろう。でも、それじゃあつまらない」と茶目っ気たっぷりに語る彼の顔は心優しい冒険家のようだった。
アバヴァス社のロゴは、日本人にも馴染みの深いトンボ。ブランド名は、葡萄畑の近くを流れるアバヴァ川に由来し、そこには多くのトンボが群れているのだという。実は、マルティンスの父はリーガと神戸の姉妹都市締結に尽力した人物。新幹線の話を聞いたり、クラスでまだ誰も持っていなかったCDプレーヤーをお土産にもらったりした少年時代の彼にとって、日本は「未来から来た国」というイメージだったそう。
「僕自身はまだ行ったことがないんだ。そろそろラトビア初の本格ワインを紹介しに行かなきゃね」。

※本来は仏シャンパーニュ地方の特産品限定の呼称だが、ラトビア国内向けに限りと特例として「Rigas šampanietis」という呼称が許されている。

Lielveikali

スーパーマーケット

街で目にするリミ（Rimi）やマキシマ（Maxima）の看板はスーパーマーケット。ここでの一番の驚きは、お寿司コーナーの充実ぶりです。緑色の巻き寿司を見つけたので「青のり？」と思って買ってみると、なんとディルという甘い香りのハーブで巻かれていました。ディルはラトビア人が大好きなハーブ。スーパーや市場では束で売られています。ところでその巻き寿司、「アジアン・ドリーム」というネーミングには笑ってしまいました。お惣菜コーナーにある豚肉のソテーは皮つきでプリッとした食感。そこに住む人たちの生活に密着していて、なおかつ日本にないものがいっぱいのスーパーマーケット。デザートコーナーにはラトビア名物の黒パン（P130）を使った甘いス

29

ープやヨーグルト（日本の加糖ヨーグルトくらいの甘さ）も。お菓子コーナーでは、プリングルスを細く延ばしたようなロングというポテトチップスが0.4ユーロくらいで買えます。カッテージチーズのクリームにチョコレートをかけたお菓子は要冷蔵、日本には持ち帰れないので、ぜひ現地でお試しください。果物コーナーには大ぶりの柿や平たい桃、あんずなどがあって1個から買うことができます。レジではベルトコンベアの上に商品を置き、プラスチックのバーを前の人の買い物品と自分の買い物品の間に挟み、混ざってしまわないようにしましょう。ちなみにレジ袋は有料ですので、マイバックを持っておくと便利です。

NelleUlla

ネレウラ

白樺の森はラトビアの自然を代表するもの。この国の人々にとっての精神的なよりどころであり、きのこやベリーなど自然の恵みをもたらしてくれます。「森から来たチョコレート」をコンセプトに、色とりどりのトリュフやタブレットを取り揃えるチョコレートメーカー ネレウラの商品は、見ているだけでもそんな白樺の森の豊かさを彷彿とさせてくれます。大きなクリアケースに並べられた、たくさんのトリュフに使用されるのは、イチゴの赤、レモンの黄色、矢車草の青、ミントの淡い緑などすべて自然の森の中にある色。チョコレートに合わせる素材も、フルーツやナッツなど風味がイメージしやすいものから、バルサミコ酢やオリーブといった珍しいものまでさまざま。「み

30

んなで持ち寄ったアイデアを、ショコラティエのリエネが形にします。理想のチョコレートができあがるまで何か月もかかることもありますよ」と、CEOのラウラさん。生み出されたチョコレートは一口かじると、まず驚くのが舌触りのなめらかさ。次に広がるのは、天然素材ならではの嫌味のないすっきりとした風味。それぞれの甘みや酸味、コクが溶け合って、インパクトのある味わいに仕上がっています。華やかで美しい外見と、きりりと引きしまった美味しさを併せ持つネレウラのチョコレート。リーガ市内の高級食料品店や空港の土産物売り場で探してみてください。パッケージも素敵なので、贈り物にも最適です。

Skrīveru saldumi

小さな街スクリーベリのスイーツ

「スクリーベリの甘いもの」を意味するお菓子メーカー、スクリーベル・サルドゥミ（Skrīveru Saldumi）。赤地に白い文字の看板が目印の店舗はリーガ市内に何軒もあり、ラトビア人が大好きなお店の一つです。グォティニャは砂糖、バター、新鮮な生乳を煮詰めてつくる伝統的なキャラメルで、シャリシャリしながらも口の中でとろける食感が絶妙なお菓子です。板チョコレートシリーズのアスパジア、アーモンドの粉を練ってつくるマジパンなど、お菓子の種類はたくさんあり、しかも価格はお手頃です。ラトビアのお土産として選んでもらえるようにと、旧市街の風景や森を描いたパッケージも用意されています。工場があるのは、リ

31

ーガから車で1時間のスクリーベリという街。広報部のイングリーダさんは商品について熱心に説明してくれた後、にっこり笑ってこういいました。「私たちの会社は大きくはないし、工場があるのも本当に小さな街。だからこそ、工場見学や地域に貢献する活動を積極的におこなっています。スクリーベリの子どもたちは、私たちがどうやってこれらの製品をつくっているのか、みんな知っているんですよ」。45人のスタッフの中には若者もいればおばあちゃんもいて、テキパキと作業をこなしています。グォティニャの独特の包装は手作業でおこなわれ、1人あたり1日に10kg（約660個）も包んでしまうのだとか！　その手早さに圧倒されていたら、1人のおばあちゃんがこちらを見て、手を止めずにニコリと微笑んでくれました。

Gotiņa 32

グォティニャにまつわるエピソード

スクリーベル・サルドゥミ（P68）でグォティニャづくりを見学中に聞いたエピソードがあります。「昔はグォティニャをつくるメーカーが50社以上もあったけれど、ソ連からの独立後は3社まで減りました。そのうちの1社はスクリーベリの街はずれにある、おばあさんが1人でつくり続けていたスクリーベル・パールティカス・コンビナーツ。彼女は亡くなる前、息子に『お願いだからグォティニャをなくさないで』といい残しました。彼は今でも、彼女の遺した工場でつくり続けているんです」。街中で薄黄色の紙にくるまれたグォティニャを見つけたら、それは彼が守り続けている伝統の証なのです。

Vecrīga?

「旧市街」を食べる？

食べられる旧市街をご存知ですか？硬めに焼いたシュー生地の中に甘さ控えめのチーズクリームを入れたお菓子ヴェツリーガ（Vecrīga）のことで、「Old Riga（旧市街）」という意味です。ベーカリーカフェのマルティナ・ベケレヤ（Mārtiņa Beķereja）で売っていて、ヴェツリーガ以外にも伝統菓子のはちみつのケーキ（P133）、クリスマス時期にはジンジャークッキーのピパルクーカス（Piparkūkas）と、ラトビアらしいスイーツがたくさんあります。ヴェツリーガとお茶で1.5ユーロほどなので、旧市街の散策に疲れたら寄ってみてはいかがでしょうか。ちなみに、リーガっ子に人気なのはバナナジャム入りデニッシュだそうです。

マルティナ・ベケレヤ = Ⓜ P178 ⓘ P181

Ziedu tirgotava 34

花屋

ラトビアでは花はとても人気のある贈り物。お祝い事のときは花の数を奇数にした花束を贈ります。中央市場（P74）に行くと、驚くのが花売り場の広さ。いたるところに色とりどりの切花が並んでいます。日曜の朝早く、眉間にしわを寄せたおじさまが煙草をふかしながら大きな花束を抱えていたので、誰に贈るのかな？ と考えを巡らせてしまいました。もう1か所、リーガで有名なのはヴェールマネス庭園沿いに並ぶ数軒の花屋で、夏至祭（P36）の日には頭に飾る花輪がたくさん売られていました。夏は街のあちこちに花屋のワゴンが現れます。冬がはじまるとさすがに花の種類は減りますが、代わってクリスマスリースが登場します。

Tirgus

中央市場

日曜日、バスターミナルの南に位置する中央市場は買い物客でごった返しています。行き交う人々の間をすり抜けて歩くだけでもひと苦労。ここに来れば生鮮食品、花、ナッツやドライフルーツなどの乾物、燻製と何でも揃い、野菜や果物の旬も一目瞭然です。ドイツの飛行船ツェペリンの格納庫を移設した5棟あるドーム型の建物の中はそれぞれ肉、魚、野菜と売り場が分かれていて、建物間にはスーパーマーケットやパン屋が点在しています。屋外には果物売り場とたくさんの花屋。ツヤツヤの果物が山積みになっている光景は見ているだけでワクワクします。リーガの人々に聞くと、「うちの夫、日曜日にはここに来ないと気が済まないの」「店主と話しながら買えるか

35

ら、スーパーマーケットよりこっちが好き」などなど、中央市場の人気ぶりが伝わってきました。野菜売り場の建物の奥には軽食コーナーがあり、水餃子にサワークリームをかけたペリメニ (Pelmeņi) やスープ、サラダなどが食べられます。年配の女性がお孫さんと食事をしていたり、コーヒーを飲みながら絵はがきを書くバックパッカーがいたり、それぞれがそれぞれの使い方をしています。ふと、ちらほらとすれ違う人たちが同じものを食べながら歩いているのに気がつきました。屋台で売られているサムサ (Samsa) というパンです。サクサクとした生地の中にほうれん草とポロネギの炒め物が入っていて、一口食べてみるととてもおいしい! いろいろな発見がある日曜日でした。

Alkohols 36

アルコール

リーガ旧市街最大のショッピングセンター、ガレリヤ・ツェントルス（Galerija Centrs）近くのバーに行ったときのこと。長袖を羽織っていても寒いくらいの夜なのに、お酒が大好きなラトビア人たちはどんどんビールを注文していました。ラトビアのビールは日本のよりも褐色に近く、穀物の香りが強めです。おつまみは干したイワシとサーモンムースを盛りつけたラトビアン・プラッター。ラトビアで有名なお酒といえば、薬草酒のブラック・バルザムです。カラメルと草の香りがしっかりしているので、一口目はクセが強く感じるかもしれません。旧市街のいたるところで売っている40㎖ほどのミニチュアボトルはお試しにちょうどいいサイズです。

Sports 37

スポーツ

ラトビアで男女問わず人気のスポーツはアイスホッケー。特に男子アイスホッケーは、国際アイスホッケー連盟のランキングでは50か国中12位と上位にランクインしています。リーガのチーム、ディナモ・リーガの試合がはじまると、人々はテレビの中継に釘づけです。また、昔から盛んなのはバスケットボール。第一回欧州選手権の優勝国でもあります。2015年にリーガで欧州選手権が開催されたときの熱狂ぶりといったら！ブリーヴィーバス大通りでおこなわれたパブリックビューイングには敷地から溢れんばかりの市民が集まり、生演奏のBGMとともに試合を観戦。雨の中、拳を突き上げて応援し、勝利のあとには大合唱が響きました。

Maratonskrējiens

左©Lattelecom Riga Marathon

世界遺産の街リーガを駆け抜けよう

ラトビア人たちは、世界の北国の例に違わず、アイスホッケーに熱狂する。隣国リトアニア同様バスケットボールも人気が高い。そんなラトビアで近年参加型スポーツとして人気を集めているのがランニングだ。
その仕掛け人は、「合法的にハイになれるのはランニングだけ」と気さくに語るリーガ・マラソンのレース・ディレクター、アイガルス・ノルズ。見上げるほどの長身の彼が走ることに目覚めたのは、米国滞在中。ニューヨークシティ・マラソンの胸躍る雰囲気に触れて、「ぜひラトビアでもこんな素晴らしい大会を」と決意したのだという。
リーガ・マラソンの歴史は、1991年まで遡るが、確実に盛り上がりを見せ

38

はじめたのは、アイガルスがディレクターに就任した2007年以降のこと。今では、5大陸65か国から2万人以上のランナーが集うIAAF（国際陸上競技連盟）ブロンズ・ラベル認定大会に成長を遂げている。日本の有名大会と比べれば混雑によるストレスも少なく、それでいて運営もしっかりしているので、はじめての海外マラソンにもおすすめだ。ユネスコ世界遺産に指定されるこの美しい街の王宮前をスタートし、ダウガワ川に架かる橋を渡り、自由記念碑へと駆け抜けるレースは、日本では決して体験することのできない素晴らしい思い出となるに違いない。2014年には、日本から参加した千葉優選手がゴール直前にアフリカ人選手を振り切って劇的な勝利を収めている。

沿道の応援や催しも充実していて、民族衣装を着た地元の若者たちとハイタッチできるなど、ラトビアらしい演出も。毎年違うラトビア人有名アーティストがデザインする大会Tシャツも個性的だ。

日本人はフルマラソンにこだわりがちだが、実は地元の人たちが一番多く参加するのは10kmや6kmの部で、さらにリラックスした雰囲気。スタート前には有名なロック曲がかかり、否応なしに気分が盛り上がる。お祭り気分で地元の人たちと交流する絶好の機会なので、5月中旬にリーガを訪れるなら、ぜひ観光の合間を縫って参加してみてほしい。申し込みはウェブサイトから。早いほど割安だが、なんと本番前日まで登録可能だ。

ラトビアの有名マラソン選手には、ニューヨークシティ・マラソン2連覇、大阪国際女子マラソンでも2回の優勝歴を誇るエレナ・プロコプツカがいる。また、前駐日ラトビア大使が、就任の年にはじまった東京マラソンを退任までの7年間連続して完走したのは一部では有名な武勇伝。アイガルス自身も、2013年に来日を果たし、自己ベストで完走している。ランニングは、リーガ市民のエンターテイメントとしてのみならず、日本とラトビアの国際交流にも一役買っているのだ。

Tērbatas iela

テールバタス通り

リーガの街を最短で満喫するために、絶対に歩いてみてほしいのがテールバタス通り(Tērbatas iela)です。旧市街から新市街の中央を横切るように走り、両側には地元っ子にも人気のショップやカフェが並びます。街の雰囲気を感じながら、お土産に個性的なグッズを選び、ちょっと疲れたらカフェでお茶を。ラトビアで人気のお寿司屋さんや、ラトビア料理のレストランもあります。特におすすめのショップを番地順にご紹介します(番号が小さいほど、旧市街に近いところにあります)。

39

Tērbatas iela 2
トーキョー・シティ(Tokyo City)
お寿司屋。ベーコンがのった温かいお寿司が人気!
Ⓜ︎P177 ⓘP182

Tērbatas iela 6/8
リイヤ(Riija)
ラトビア人デザイナーが手がける商品を多数取り扱うインテリアショップ(P118)。
Ⓜ︎P177 ⓘP182

Tērbatas iela 10/12
クーコタヴァ(Kūkotava)
ラトビア語でケーキ屋という意味の、地元で人気のケーキ屋さん。ベリーたっぷりのケーキにデニッシュ、ランチが楽しめる。
Ⓜ︎P177 ⓘP182

Tērbatas iela 55
パヴィリヨン(Paviljons)
アクセサリーやアパレルが中心のセレクトショップ。クールでスタイリッシュなデザインのものが揃う。
Ⓜ︎P177 ⓘP182

Tērbatas iela 64
エーレンプレイス(Ērenpreiss)
さまざまなタイプの自転車を扱うサイクルショップ(P168)。
Ⓜ︎P177 ⓘP182

Autobuss un tramvajs

バスとトラム

リーガはコンパクトな街なので、歩いてまわっても多くの見どころが楽しめますが、公共交通機関を利用すると行動範囲はぐっと広がります。例えば、リーガの人々が大好きなレストラン、リドの大型店舗リド アトプータス・ツェントルスに行くなら7番のトラム（路面電車）を、カルンツィエマ・マーケット（P48）へは22番の空港バスを利用すると便利。どちらも、乗車時に現金で支払うより、事前にエタロンス（P186）を購入しておいたほうが割安です。キオスク、バス停に併設の自販機、空港のインフォメーションセンターなどで購入可能。使用可能回数が多いほどお得になりますよ。

Biļešu pārbaude 41

検札

金曜日の夕方、停車中の満員のトラムに乗ってきたのは、黄色いベストを着た女性の警官2人。リーガでは不正乗車を取り締まる検札がたびたびあり、乗客全員がチケットの提示を求められます。内心ドキドキしながらエタロンス（P186）を差し出すと、持っていた機械でカードをチェックして無言で私に返しました。順番が過ぎてほっとしていると、後ろのほうで何やら声が。どうやら不正乗車のおじさんがいたようです。「違反です。降りなさい」「1回くらいいいだろ？ 見逃してくれよ」。警官との何度目かの応酬の後、おじさんは悪態をつきながら降りていきました。不正乗車は高額な罰金が科せられますのでご注意ください。

Narvesen 42

ナルヴェセン

リーガ市内のいたるところにあるナルヴェセン（Narvesen）。ノルウェーが発祥ですが、ラトビアで一番よく見るコンビニです。お菓子、飲み物、雑誌などが売られています。ラトビア国内に250店以上あり、店舗のタイプもさまざま。公園の片隅にあるキオスク型の店舗は、窓口から中の店員さんに声をかけて商品をとってもらうシステムです。コンビニ型の大きな店舗ではエタロンス（P186）も買えますし、ちょっとしたラトビア土産まで置いてあります。24時間営業ではありませんが、人通りの多い場所にある店舗は早朝から深夜まで営業していますので何かと便利。大きな店舗にはファストフードコーナーもあり、軽食や淹れたてのコーヒーも買えます。

Bruģis

石畳

ヨーロッパの街に石畳が敷かれたのは、舗装の目的と、凹凸にすることで馬車が高速で通り抜けるのを防ぐという安全上の理由からだそうです。ラトビアではリーガやツェーシス（P90）など中世から発展してきた街に石畳が見られます。当時、地方の農民がリーガに入るためには、2個の石を税として納める義務が課せられていました。これを敷きつめてつくられたのが旧市街の石畳です。運がよければ石畳の修理をしている光景に出会えるかもしれません。ちなみに、リーガには「街は変容し続けており、もし完成してしまったら海の底に沈んでしまう」という言い伝えがあるのだそう。旧市街の石畳道は今でも車を気にせずゆっくり歩くことができます。

Vilciens

鉄道

電車に乗ってリーガの中心部から離れていくと、ラトビアが森の国と呼ばれる理由がよくわかります。線路はすぐに白樺や針葉樹の中へ。木々の間からはときどき湖沼も見え、高低差の少ない大地を移動していくので空が広く感じられます。突然、森の中に駅がぽつりと現れました。駅舎以外には何もないような小さな駅からたくさんの人が乗ってきます。地方都市を訪れたり、郊外の美しい自然を味わったりしたい方にはぜひ電車の旅をおすすめします。ラトビアの鉄道は料金が安いのも旅行者には嬉しいポイント。リーガから4時間かかるエストニアとの国境の街ヴァルカや、バルト海沿岸の街リエパーヤまでなんと10ユーロ以下で行けます。駅には改札口がないため、駅構内の窓口で切符を買ったらそのままホームに進んでOK。無人駅の場合は、乗った後で車掌から切符を買います。1駅ごとに車内を回るので、切符を持たずに乗っても検札のときに買えば問題ありません。英語が話せない車掌も多いので、ラトビア語でラブディエン（こんにちは）、パルディエス（ありがとう）といってみてください。車内アナウンスは「○○（地名）、○○。次は△△駅に止まります」というように次の停車駅を教えてくれます。のんびりとした、素朴さに溢れた車内の雰囲気を楽しみながら、リーガから足をのばしてみてください。目的地までの経路と料金、列車の時刻はウェブサイトで簡単に検索できます※。

©Akiko Mizoguchi

※pv.lv/enにアクセスし、「Train Schedule」のところに出発地、目的地を入れると時刻表と料金が表示されます。ラトビア鉄道の英語サイトldz.lv/enから検索する場合、中央の「FOR INDIVIDUALS」→「Passenger Transpotation」と進むと検索画面に。

Cēsis

中世の古都ツェーシス

リーガから電車で2時間、ツェーシスは中世の古城とゴシック様式の教会が美しい街です。都会的なリーガとは違いのんびりとした雰囲気で、ラトビア人からは「最もラトビアらしい」と形容されます。リーガとエストニアを結ぶルート上にあるため、交通や防衛上の要衝として発展。中世にはハンザ同盟にも加入していました。その頃に築かれた城壁や市内に入る門の跡、醸造所などが現在も街に残っています。ツェーシスを訪れたら、まずはツェーシス城へ行ってみましょう。帯剣騎士団が築いた、四つの塔を持つ大きな城です。西塔からは景色が遠くまで見渡せて、ここが重要な要塞であったことを感じさせてくれます。城内の見学を申し込むと、スタッフがろうそ

45

くを入れたランタンを貸してくれます。これで照らしながら、狭くて暗い城内を進むのはちょっとした冒険気分。風の強い日は途中で火が消えないように注意しましょう。ちなみに、城内にはパン工場やビールの醸造所まであったとか。ツェーシス城の丘には、築城前はラトガリ人の要塞があり、ここでの戦いがラトビア国旗の由来（P153）となったといわれています。また、ツェーシス近郊には自然を楽しめるスポットもたくさん。街から南に7kmのアーライシ湖には、ラトガリ人が湖の上に築いた珍しい要塞が残っています。これらの場所を巡るにはレンタサイクルが便利です。ツェーシス城内の観光案内所に近郊の詳しいパンフレットがあるので活用しましょう。

Sigulda 46

自然を楽しむ街スィグルダ

ラトビア人に「リーガ近くでおすすめの街はありますか?」と聞くと、多くの人がスィグルダと答えます。ガウヤ川渓谷沿いの美しい自然を眺める観光名所で、ツェーシス(P90)同様、帯剣騎士団の拠点の一つとなった街です。山の上にあるトゥライダ城は、リーヴ人の王カウポが建てた木造の城を壊した跡地に、リーガのアルベルト大司教の命によって建てられたもの。博物館も併設され、城までの道には遊歩道が整備されています。ガウヤ川にかかるロープウェイ、川沿いにあるグートマニャ洞窟も人気スポット。ロープウェイ乗り場近くには野外遊園地もあり、観覧車や各種アトラクションも楽しめます。暖かい時期に訪れて、さわやかな自然を満喫してください。

Sklandrauši 47

クルゼメ地方のお菓子
スクランドラウシ

ラトビアで最も西に位置するクルゼメ地方には、古くからの港町が並んでいます。この地方の伝統的なお菓子がスクランドラウシ（Sklandrauši）。ライ麦粉を使ったタルトに、じゃがいもとにんじんでつくったフィリングを詰めたものです。リーガで食べられないかなぁと思っていたら、幸運にもカルンツィエマ・マーケット（P48）で見つけました！ボリューム感たっぷりの見た目に食べ切れるか不安になりましたが、中のフィリングはなめらかで甘さ控えめ、ライ麦のタルト生地も軽い歯触りなので、ぺろりと1個平らげてしまいました。もしマーケットなどで見つけたら試してみてください。

Jūrmala 48

美しき砂浜海岸ユールマラ

「明日はユールマラに行くの！とーっても長い海岸が続いていて、すごくキレイらしいのよ！」と、ホステルで同室だったマダムたちは語り続けていました。リーガからバスや電車で30分のユールマラは、砂浜が30kmに渡って続く絶景の観光地です。リーガ湾からダウガワ川を10kmほど遡ったリーガの市街地では、滞在していても海を意識することはないのですが、ラトビアの国境の3分の1は海岸線なのです。電車に乗って3時間、バルト海沿岸に出るとヴェンツピルスやリエパーヤといった、港町として栄えた都市があります。特にリエパーヤは昔から保養地として人々に親しまれた歴史があり、音楽の街としても有名です。

Latgale

ラトガレ地方の豊かな歴史

リーガから鉄道で約3時間半のラトガレ地方に位置する、ラトビア東部の街ダウガフピルス。リーガに次ぐラトビア第二の都市として、経済や文化の重要な役割を担っています。街の中心にはディナブルグ城がそびえたっており、それぞれ異なる宗派の四つの教会が隣り合うバズニーツカルンス、2㎢の面積を誇るダウガフピルス要塞、その中の武器庫を改装したダウガフピルス・マーク・ロスコ・アートセンター（P175）などの観光スポットも多数。また、カトリックの聖地として有名なアグロアナ大聖堂には、毎年8月15日に各地から巡礼者が訪れます。歴史的な建造物と自然が色濃く残るこの地方最大の都市は、近年観光名所として注目されています。

ダウガフピルス ≡ ⓂP179

Zemgale 50

ゼムガレ地方の宮殿

ラトビア南部のゼムガレ地方には数多くの城が建ち、現在でも繁栄の名残を垣間見ることができます。中心の街バウスカには、「バルトのヴェルサイユ」ともいわれるルンダーレ宮殿があり、このバロック様式の豪華な宮殿を見に多くの観光客が訪れます。見どころは何といっても黄金の広間や白の広間といった豪華な部屋。大理石、金箔、漆喰など贅沢を極めた部屋がいくつも並んでいます。約1,500人の職人が手掛けた壁画や装飾も圧巻です。併設の博物館に展示されている重要なコレクションは見応えたっぷりですし、宮殿南側のフランス庭園では美しいバラを鑑賞できます。優雅な気分に浸りたい方はぜひルンダーレ宮殿へ。

バウスカ ＝ Ⓜ P179

Mode

右©Oleg Zernov

誇り高き女性たちが牽引する活気あるファッション界

リーガで最も格式が高いとされるホテル・ベルクスのあるベルガ・バザールスは、旧市街から10分ほど東に歩いたところにある小洒落た一角。そこに、アンナ・レズカルニナ(写真左)のブティック、アンナ・レド・スタジオがある。入ってすぐ目に止まったのは、リーガの街のシンボルの一つ、ユーゲントシュティール建築をモチーフにしたプリント柄の軽やかなドレス。フランスや日本にも顧客を抱えるアンナにとって、ラトビア人であることは、どんな意味を持つのだろうか。

「私は旧ソ連時代、まだリーガにファッションデザインの学校などなかった頃に、ロシアのサンクトペテルブルクで教育を受けました。でも、休暇を過

ごしたバルト海沿岸のビーチ・リゾートなどラトビアでの体験をインスピレーションに、シンプルで洗練されたデザインを心がけています。今はロンドンやニューヨークの学校に行くことも、自分のブランドを立ち上げることも、以前ほど難しくはないし、デザイナー個々の感性がモノをいう時代。それでも、自らの体験は、必ず何らかの形で作品に反映されると思います」と語ってくれた。ファッション先進国から学び、海外市場を意識する過程で、自らのアイデンティティーと対峙するのが、ラトビア流といえるだろうか。

同じくベルガ・バザールスに店を構えるナルシスは、世界各地で滞在経験を持ち、現在はニューヨークを拠点に活動するアリセ・トラウトマネ（写真右）が、女性の自信や自己愛をコンセプトに設立したブランド。シーズン毎に大胆で幅広い展開を見せている。クラセは、「教室」を意味する名の通り、ラトビアのファッション・シーンを「学べる」ほどの豊富な取り揃えを誇る、同バザールス内のセレクトショップ。国立オペラの舞台衣装や有名企業の制服なども手がけるナターリヤ・ヤンソネや、セクシーなストッキングが評判で、「愛」と「不道徳」を重ねたブランド名も挑発的な、イネセ・オゾラ率いるアモーラレなどの商品を見ることができる。他にも、アートジャム、クークー、ワンウルフなどラトビアには注目すべき若いブランドは多い。足元に話を移すと、建築家から転身したエリーナ・ドベレやスタイリストとしても活躍するバイバ・ラディガが個性的な靴を送り出していて、後者はレディー・ガガ御用達。ファッション好きなら、ラトビア気鋭のブランドが集結する、春と秋のリーガ・ファッションウィークに日程を合わせてこの街を訪れたい。

女性デザイナーの多さが、ラトビア・ファッション界の特徴の一つ。しかも、モデル張りの美人揃いだ。ラトビアは、民間企業全体でも女性経営者の割合が世界で一、二を競うほど高く、才能と行動力あふれる女性たちの活躍が目覚ましい国でもあるのだ。

= ①P182

Dūraini un adījumi

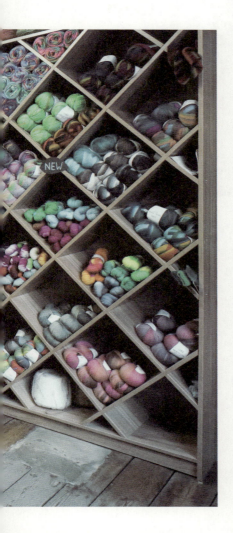

ミトンとニット

ラトビアのミトンは五角形で、指先がとがった形をしています。編み物が暮らしの中で重要な位置を占めるようになったのは、冬の凍るような寒さを凌ぐための自然の流れだったのでしょう。現在まで受け継がれている編みのパターンは数百種類といわれ、四季の自然や、神々のモチーフがあしらわれています。カルンツィエマ・マーケット（P48）に行くと、何十種類ものミトンがずらり。旧市街にある民族衣装のお店のセナー・クレーツ（Senā Klēts）、聖イェーカバ教会の隣にあるホビーウール（Hobbywool）など、個性的なお店のラインナップにも注目です。ミトン以外にも帽子やソックス、バルト三国の編み手たちがつくる一点もののニット製品が販売されています。

52

Dažādas preces

雑貨

知らない街の雑貨屋さんを覗くのは旅の楽しみの一つ。キャンドルやテーブルクロスなどの日用品やごく普通の文房具も、その国の空気をまとって何か特別なものに見えてきます。センスがよくて個性的な雑貨を探すなら、おすすめは旧市街の北側にあるインテリアショップ、エトゥモ（Etmo）。半地

53

下の小さなお店には、国内のアーティストによってつくられたプロダクトが彩度を揃えて美しく並べられています。品揃えは幅広く、大小さまざまなサイズのクロスや食器、バッグやインテリアなど多岐にわたります。シンプルで落ち着いた、普段使いにしやすいデザインが多いのもポイント。素敵なお土産や贈り物が必ず見つかりますよ。

Aromāts

アロマ

四季折々の花の香り、夏の太陽を凝縮したようなベリーの香り、気分があがるフレッシュなフルーツの香り……。天然の素材そのままを抽出して、成分をぎゅっと閉じ込めた美しい石けんがあります。2001年、リーガで誕生したステンダース（Stenders）です。フルーツや花、植物などの香りの石けんをはじめ、バスソルトや入浴剤、化粧品、フレグランスなどをプロデュースしています。香りはすべて天然素材に由来するもの。華やかだけど優しい香りには、自然を大切にするラトビアの人々の気持ちが表れているようです。お手頃な価格で、用途に合わせてかわいいラッピングをしてくれるので、プレゼントやお祝い事に人気のブランドです。スキンケア用品も天然素材からでき

ていて、シアバターからつくられたハンドクリームは伸びやかでベタつかない使い心地。体温で温まるとブレンドされた香り成分がほのかに香ります。バルト特産の琥珀や、黄金の成分を加えた化粧品シリーズもあり、特に黄金成分の化粧品が人気なのだとか。リーガ市内に12店舗、世界27か国に220店舗を構え、成長を続けているブランドです。また、大阪にステンダース・ジャパンの店舗があるので、日本国内でも製品が入手可能。ステンダース・ジャパンの誕生ストーリーはとても心温まるお話です。興味のある方はぜひウェブサイトをご覧になってください。

Kosmētika 55

化粧品

古くからハーブの薬効を生活に取り入れてきたラトビアの人々。この国には、植物由来の天然成分を利用した化粧品をつくるメーカーがいくつもあります。石けんやスキンケア用品のステンダース（P106）、スキンケア＆アンチエイジング用品のマダラ（Madara）など。聖ペーテラ教会前のショップ ピエネネ（Pienene）では、これらの製品をサンプルで試しながら選ぶことができます。スタッフにアドバイスをもらうのもいいでしょう。バルト海沿岸の街リエパーヤでつくられているアート・ソープワークス（Art Soapworks）のバスキューブは、フルーツやハーブなど11種類の色と香りから選べます。

Sveces

キャンドル

雑貨屋さんでは、どこでもカラフルなキャンドルを売っています。人気は大豆由来のソイワックスからつくられたキャンドル。日本でも有名なムニオ・キャンデラのアロマキャンドルは、天然の精油で香りをつけ、キャンドルの中にハーブをちりばめたキュートなデザインです。ロウを陶器やガラスの器に流し入れた珍しいキャンドルも売っているので、街を歩きながら気に入ったデザインを探すのも楽しいですよ。また、夜が長い冬の間、キャンドルは部屋に温かな光をもたらすインテリアとしても重要な存在です。あるカフェでは、レードルに小さなキャンドルを入れて花瓶にかけたかわいらしいディスプレイが印象的でした。

ムニオ・キャンデラ = ①P183

Lins

リネン

旧市街の中心近く、静かな通りに店を構えるアルス・テラ(Ars Tela)。壁一面が色とりどりのストールで埋め尽くされています。ここではリネン製品をつくるだけでなく、バルト伝統の織物技術を今に残す活動もしています。流れるような手つきで横糸をすべらせ、織り機のペダルを踏む。一見単純な動作に見えますが、最大で8個のペダルを踏みながらリズミカルに織りを進めるのは大変な作業です。織り上げただけではまだ堅くチクチクしているリネンは、その後、何度も洗いを加えることでしなやかな手触りに変わります。アルス・テラの職人は全員が女性。テクニカルスクールで技術を学んでから、ここでの製造に携わってい

57

ます。彼女たちはラトビア各地に残る織物の文化や技術を伝承するのと同時に、他国の職人からヒントを得たり、新しい素材に挑戦したりすることも忘れません。「イタリア人から学んだの。最後の洗いをミルクでやるとまた違う手触りになるのよ」「キラキラ光っている糸は、琥珀を繊維にしたものなの」。彼女たちの話を聞いていると、その独創性や柔軟性に驚くことばかり。「娘が見ていた熱帯魚からヒントを得たの。こっちは鴨の胸元の毛色がベースね」。あらゆるものからインスピレーションを受け、製品に反映させようとする熱意に溢れています。たくさんのストールから一番似合うものを選ぶコツは？ と聞くと、「日本人の目と髪の色なら、明るい色から選ぶといいわよ」と教えてくれました。

Rokdarbi 58

ハンドクラフト

この国の人々がつくり続けてきた生活用品は、自然からの恩恵を生かしたものばかり。ヤナギでつくるカゴや木製のカトラリー、赤土を焼いてつくる陶器、リネンの織物、ミトンなど。身近な天然素材を使って手づくりされる工芸品は、日本でもファンが増え続けています。ラトビアで最大のクラフトマーケットは、毎年6月に開催される民芸市。2日間にわたりラトビア全土の職人が集まるとあって、世界中から観光客が訪れます。それ以外の時期にハンドクラフトの製品を探すなら、毎週土曜日開催のカルンツィエマ・マーケット（P48）や、旧市街にあるリイヤ（P118）やエトゥモ（P104）に行ってみましょう。

Sieviešu Spēks 59

©Rinalda Feldmane

ウーマン・パワー

リーガでは、あきらめずに挑戦する力強さと女性としての美しさを合わせ持つ、そんな素敵な女性たちに出会いました。その1人がアウトドアウェアブランド、シー・フィックス（She Fix）を立ち上げたフリスティナです。彼女はまだ大学院生。自転車を愛する彼女が考えたのは、アウトドアの機能性と女性らしいフォーマルさを兼ね備えたコートをつくること。代表作のヒロインコートは、体型を美しく見せる細身のシルエットでありながら、防寒性・通気性を高める工夫が施されています。「今はオンラインショップだけだけど、目標は実店舗をもつこと。そして、女性のパワーを生かした活動を広げていくこと」と語ってくれました。

Grāmatas

ブック

老いも若きも「本を読むのが大好き!」なラトビアの人々。雑貨店のナイス・プレイス(Nice Place)は、オーナーが出版社も経営しているため本がたくさん置かれていて、若者たちはブックカフェとしても利用しています。ここで販売されているキュートな仕掛け絵本はお土産にもよさそう。ラトビア文化に関する本を探すなら、まずは聖ペーテラ教会前のピエネネに行ってみましょう。内容が充実し、装丁も美しい本をスタッフが厳選しています。ラトビアのブックチェーンには、100年の歴史をもつヤーニス・ルアゼ書店があります。リーガ中心部のバルァナ通り(Kr. Barona iela)に大きな店舗があるほか、リーガ中央駅のビルにも入っていて、こちらは電車の待ち時間

60

に覗くのにぴったりです。ラトビアを代表する作家は、誰もが幼い頃から親しんでいる女性詩人のアスパジヤ(Aspazija)と、そのパートナーだった文豪ライニス(Jānis Rainis)です。また、小学校の国語の教科書に載っているグリーンランド(Zaļā Zeme)はラトビアのフォークロアに触れる作品。作者のアンドレイス・ウピーツ(Andrejs Upīts)が工場の近くに住んでいたことから、スイーツメーカーのスクリーベル・サルドゥミ(P68)はお土産用スイーツにこの名を冠しています。ラトビア文学が最初に日本に紹介されたのは、まだロシア領だった1953年。ラトビア独立へ向けて書かれた英雄伝「勇者ラーチプレシス」が児童文学として翻訳されています。

ビエネネ = ⓂP178 ⓘP183、リーガ中央駅 = ⓂP178、スクリーベル・サルドゥミ = ⓂP176 ⓘP181

Interjers

インテリア

地元の若者にも有名なテールバタス通りのインテリアショップ、リイヤ。リネン製品、家具や照明などのインテリア、キッチンウェアにアクセサリー、キャンドルなどなど。ラトビア人デザイナーによる伝統の職人技にモダンなデザインを融合させたプロダクトが並びます。これらは静かな存在感を醸し

出し、置かれた空間に凛とした雰囲気を漂わせています。さりげなく神々の文様をあしらったレザーのアクセサリーも、シックで品のあるデザインのものが見つかります。対照的に、ラトビア人に愛される熊のマスコットは思いきりキュートなラインナップ。あどけない表情の熊たちに、思わず全部日本に連れ帰りたくなります。

Suvenīri

お土産

ラトビアのお土産といえば、天然素材を利用したハンドクラフト、ハーブティー、はちみつなど。オーガニック製品は食品だけでなく、薬草療法をベースにつくられた化粧品やキャンドルもおすすめです。バルト産の琥珀、ミトンもラトビアらしさ溢れるグッズですね。どれもラトビア人が古くから生活に取り入れてきた、豊かな自然の恩恵。この素朴な伝統を日本に持ち帰れるのが、実は一番の贅沢なのかもしれません。もっとコンパクトで安いお土産をお望みでしたらナイス・プレイス（P116）のポストカードはいかがでしょう？ 伝統的なミトンや民族衣装の柄、ラトビア神話の神々の文様などをあしらった絵はがきなど種類も豊富です。

62

Literatūra

ナショナリズムとともに
発展した文学と新たな試み

ラトビア語は、印欧語族バルト語派に属し、お隣のリトアニア語とは比較的近いが、同じバルト三国でも、フィンランド語に近いエストニア語とはまったく異なる。

ラトビア文学が成立したのは、19世紀とかなり最近のことで、1856年に出版されたユリス・アルナンスの詩集がその先駆けとされる。それまで、物語は、主に民謡として歌い継がれて来た。1888年にアンドレイス・プンプルスが書いた「勇士ラーチプレシス」は、超人的な能力を持つラーチプレシスが、邪悪なドイツの騎士など、この地に危機をもたらすさまざまな脅威と戦う英雄伝で、民族意識の目覚めや独立国家への希求を重ねた叙事詩と

して、ラトビア人のアイデンティティー形成に多大な影響を与えた。
20世紀初頭には、詩人・劇作家のライニスが、ラトビア語による本格的文学表現の形成ならびにナショナリズムの高揚に大きな役割を果たす。1905年帝政ロシアからの独立運動が失敗に終わり投獄の憂き目を見るが、1918年の独立を契機に亡命先のスイスから帰国し、国立劇場支配人や文部大臣を歴任した。妻のアスパジヤも詩人・劇作家で、ラトビア最初のフェミニスト活動家でもあった。
黒沢歩の翻訳によって日本でも出版された「ダンスシューズで雪のシベリアへ」は、サンドラ・カルニエテがソ連支配下でのシベリア抑留体験を綴った自伝的小説で、1991年の独立回復以降のラトビア文学の中では、海外で最も広く読まれている作品だという。
最後に、ラトビアにまつわるストーリーを国境を越えて発信するために、ラトビア語と英語のバイリンガルで出版され、現在22か国で販売されている「ベンジ・ニューマン」という雑誌を紹介したい。
創刊者は、ファッション・ブロガーとして話題を集めた後、大手ファッション誌の編集長を務めるも、「広告主の顔色を窺うメインストリームの世界では本当におもしろいものはできない」と、独立して同誌を立ち上げたアグネセ・クライナ。バリシニコフのインタビューあり、「故郷とは、生まれた場所ではなく、逃げ出さなくてもよい場所」と語る難民の切実なストーリーありで、誌面づくりも個性的。2016年にはラトビア・アートディレクターズ・クラブ主催のクリエイティブエクセレンス・フェスティバルで金賞を受賞している。
高校生として日本留学中に異文化への感銘とそこでの孤独を同時に経験したアグネセは、「ラトビアは、日本はもちろん、バルトの隣国とさえある意味ぜんぜん違う。でも国籍や人種に関わらず、誰しも愛されたいし、独りではいたくない。それは人間みな同じ」と語る。
同誌は、ラトビア人固有のアイデンティティと人類の普遍性を探る試みでもあるのだ。

Šokolāde 64

チョコレート

この国は本当においしいチョコレートで溢れています。スーパーマーケットではお菓子売り場の半分を占めるほど。手はじめにいちばん安い板チョコ（70円）を食べてみたら、そのクオリティの高さにびっくり。幼い頃からこれをおやつに食べていたら、どんなにチョコレート通に育つことでしょう！街にはチョコレートの名店やメーカーが多く並びます。彩り美しいトリュフチョコレートで気分が上がるネレウラ（P66）や、手軽な価格で愛らしいスイーツを取り揃えるスクリーベル・サルドゥミ（P68）。旧市街のカフェで濃厚なホットチョコレートやスイーツが楽しめるエミールス・グスタフス（Emīls Gustavs）もリーガの若者に大人気です。国民的お菓子メーカー ライマは、1870年の創業以来、子供から大人までみんなに愛されるお菓子をつくり続けている老舗。ミエラ通りには大きな工場と直営店、チョコレートミュージアムもあり、周辺を歩くとふんわり甘い香りが漂います。口溶けなめらかなトリュフチョコレートが有名なプーレ（Pūre）のブランド名は街の名前が由来。リーガから電車で1時間半のトゥクムス郊外には、ミュージアムがあります。ラトビアのチョコレートメーカーは、特産のベリーとチョコレートを組み合わせるのがとても上手！トリュフや板チョコにベリーをちりばめた、見た目も味わいも素敵なチョコレートが目を引きます。とにかくラトビアに来たら、チョコレートを試さない手はありません。

マ ＝ Ⓜ P177 ⓘ P183、プーレ ＝ Ⓜ P179 ⓘ P184

Ogas

ベリー

信号待ちをしていると、鼻をくすぐるさわやかな香り。思わず振り向くと、花売りの屋台に一緒に並べられていた山盛りのイチゴが香っていました。ラトビア人が大好きな夏は、同時にベリーの季節。太陽の恩恵を凝縮したかのように色も甘みも濃くなるベリーたちが市場やスーパーマーケットに並び、ケーキやタルトにもたっぷりとデコレーションされます。冬が近づくと、果物売り場にはクランベリーが山積みに。ベリーの中では珍しく、晩秋に旬を迎えるクランベリーは酸味が強く、ドライフルーツやジャムに加工されます。クリスマスのドリンクや料理などにも使われ、鮮やかな紅色が冬の食卓に彩りを添えます。

Zāļu tēja

ハーブティー

紅茶が飲みたくて入ったカフェで「ティー、プリーズ」。店員さんは「どのブレンド？ ペパーミント？ カモミール？ それとも……」と矢継ぎ早に聞いてきました。この国ではハーブが生活に根ざしているので、ティーが紅茶だけとは限りません。リーガから電車で2時間半のマドゥアナにあるハーブティーメーカー、55マーリーテス（55 Mārītes）。「ハーブはすべて手で摘みます。石ころや木を巻き込むのを防げますから」と、代表のユーリスさん。日本で見かけるハーブと違い、花や葉がそのままの姿でパッケージされていて、見た目にも魅力的。「私たちはそのとき飲みたいハーブを選んで、自分だけのスペシャルブレンドをつくるんです」と、微笑みながら語ってくれました。

Pankūkas

パンケーキ

ラトビア語ではパンクーカス（Pankūkas）と呼びます。プレーンタイプやカッテージチーズが入った甘いものなど種類はたくさん。おすすめは細く切ったじゃがいもがたっぷり入っていて、表面はこんがりと黄金色に焼き上げられた素朴なじゃがいものパンクーカスです。これだけでもおいしいのですが、さらにきのこのクリーム煮をかけると、きのこのコクと焼き上げた香ばしさが引き立って何ともいえない格別な味になります。安くてお腹いっぱいになれるラトビアの家庭料理の一つです。ちょっとおしゃれに仕上げたいなら、サワークリームとスモークサーモンを乗せてもおいしいのでお試しください。

Saldējums 68

アイスクリーム

ラトビアの人々はアイスクリームが大好きと聞いて、日本では北海道の人が一番アイスを食べるという統計を思い出しました。12月に、知人にスクリーベリに連れていってもらったとき、彼女は「予定が全部終わったらアイスを食べにいきましょう！ スクリーベリにはとっても美味しいアイスのお店があるの！」と大張り切り。北国の人ほどアイスに目がないのでしょうか？ ラトビアの家庭料理の本にはベリーと牛乳、はちみつでつくるアイスクリームのレシピが載っていました。その名も「夏の夢」。「アイスクリームはストレスや不眠を解消し、気分を向上させると考えられています」というコメントが添えられていました。

Melnā maize

黒パン

ライ麦入りの生地はもっちりとした食感で、1か月も保存できる伝統的なレシピがあります。カルンツィエマ・マーケット（P48）に行くと、黒くツヤツヤに焼き上げられたパンがいたるところに並んでいて、職人さんが試食を差し出してくれます。黒パンは小麦粉とライ麦粉を混ぜる割合や、生地に混ぜ込む材料の違いによって、実にバリエーションが豊富です。スーパーマーケットには、にんじんとひまわりの種入りやキャラウェイ※入りなど、日本ではあまりお目にかかれない組み合わせがあり、値段は0.6ユーロくらいから。黒パンを使ったデザートやスープもスーパーマーケットで買うことができます。

※キャラウェイ＝甘酸っぱい香りのスパイス。ラトビアでは種子をチーズやパンに入れる。

69

Brokastis 70

朝食

「しっかり食べて、リーガの街を楽しんで！」。キッチンのテーブルに並べられた朝食には、こんなメッセージが添えられていました。トマトとキュウリのサラダやパン、ジャムにスプレッド。1泊たった6ユーロのホステル（P58）なのにこのおもてなし！ 数種類あるパンの中には黒パンも。ホテルだとチーズやハムが何種類もあったり、ヨーグルトやフルーツがついていたりします。忘れられない朝食は、ホテル・ネイブルクス（P56）のクロワッサンです。一層一層にしっかり火が入った生地は、サックリ軽やかな焼き上がりで絶品。豊富なラインナップと相まって、幸せな時間を過ごせました。

Medus kūka　71

メドゥス・クーカ

ラトビアの特産品の一つ、はちみつ。保湿効果があるので化粧品にも使用されています。もちろんお菓子にも使われていて、はちみつをたっぷり使ったケーキがメドゥス・クーカ（Medus Kūka）。カフェの店員さんが「伝統的なお菓子なんですよ」とすすめてくれました。たっぷりのはちみつを生地に入れて、薄く焼き上げた生地とクリームを何層にも重ねたケーキは、しっとり食感とほどよい甘さ。ハーブティーとの相性抜群です。お菓子屋やカフェそれぞれに、ミルクレープのように薄い生地のもの、ナッツをトッピングしたものなど工夫をこらしたメドゥス・クーカがあります。食べ比べてみるのも楽しいですね。

Tēja

茶文化

ラトビアはお茶をよく飲む国です。街のカフェでは、紅茶やハーブティーの他に、高い確率でグリーンティーがメニューから選べます。多くはロシアを経由して伝えられた中国式の釜炒り茶ですが、日本人にはホッとする1杯です。日本茶で人気があるのは玄米茶。もちろん、圧倒的に知名度が高いのは抹茶ですが、高級品として日常的に飲むものでないというのは日本と同じ感覚でしょう。スーパーマーケットにもたくさんのお茶が並んでいます。お茶の嗜好はその国の歴史に密接します。ラトビアにはヨーロッパとロシアの影響を受けながら、自国の良質なハーブという資源も活かし、魅力的な茶文化が育まれています。

Kafija

コーヒー

リーガ発のコーヒーチェーンといえばダブル・コーヒー（Double Coffee）。おいしいコーヒーが飲めるのはもちろん、店舗数が多いので散策途中に立ち寄ってWi-Fiを利用するのにも便利です。早朝の店内は、通勤途中に飲み物をテイクアウトする人や新聞を読みながらコーヒータイムを過ごす人でいっぱい。「リーガにはダブル・コーヒーがあるから、スターバックスは進出しないのではないかしら？」とはリーガ育ちの友人の言葉。最近では味にこだわったスペシャリティコーヒーを提供するお店も増えてきたり、ナルヴェセンでも大きな店舗だとドリップコーヒーが買えたりと、ラトビアでのコーヒー人気がうかがえます。

ダブル・コーヒー ＝ Ⓜ P178 ⓘ P184

Salduми

ラトビアならではのお菓子

ラトビアの友人に「日本に留学していたとき、マーマレードを買ったらジャムだったので驚きました」といわれ、「マーマレードってジャムじゃないの？」とこちらがびっくりしてしまいました。ラトビアでマーマレード（発音はマルメラーデ）といえば、果物と砂糖を煮詰めて固めたグミのようなお菓子のこと。カルンツィエマ・マーケット（P48）では、オレンジ×ラベンダー、ストロベリー×ミントといったユニークな味のものが売られています。リーガのミエラ通りにあるライマ（P124）の直営店に行くと、ラトビア人が大好きなお菓子が勢揃いしています。卵白をメレンゲにして固めたお菓子のゼフィール（Zefīrs）は、マシュマロよりちょっと弾力があり、バニラ味やバナナ味、チョコレートをかけたものなどバリエーションも豊富です。アーモンドと砂糖を練り合わせたマジパン（Marcipāns）も有名なお菓子で、チョコレートがけやドライフルーツ入りも人気があります。街のお菓子屋さんでのおすすめはベリーがたっぷりのったケーキや、伝統菓子のメドゥス・クーカ（P133）、メレンゲを焼いたサクサク食感のベゼ（Beze）など。クリスマスが近づくとピパルクーカスを目にする機会がグンと増えます。クリスマスにつくられるしょうが入りクッキーです。ライマの期間限定チョコレートにもピパルクーカス味がラインナップされます。

Siers un kefīrs

チーズとケフィール

ヨーロッパにはチーズ大国が多いですが、ラトビアのチーズの豊富さも負けず劣らずかなりのもの！ 中央市場（P74）のチーズを売る店の多さには驚きますし、野外マーケットやスーパーにもずらりと並びます。日本のプロセスチーズに近い見た目が多いのですが、ハーブやスパイスが入っていたり、スモークしていたりと種類は実にさまざまです。ラトビアでは夏至祭の日（P36）に、キャラウェイという甘酸っぱい香りのスパイスが入ったチーズを食べる習慣があります。また、よく食卓に出るのがカッテージチーズとサワークリーム。カッテージチーズはサラダやパンケーキに、サワークリームはスープに浮かべたりハーブと混ぜてソースにしたりと、いろいろな料理に使われます。カッテージチーズのクリームにチョコレートをかけたお菓子はどこのスーパーでも買えるラトビアの国民食的な存在。チーズ以外の乳製品では、ケフィール（Kefīrs）というドリンクが広く飲まれています。見た目はヨーグルトとほとんど変わりませんが、日本の「飲むヨーグルト」よりも濃厚でとろみがあり、舌にぴりっとくる酸味があります。ちなみに、おいしいチーズ選びのコツは「野外マーケットに行く」ことです。カルンツィエマ・マーケット（P48）に行けば、つくり手のこだわり溢れるチーズを試食させてくれるので、自分の気に入った味を見つけることができるでしょう。

Zupa

スープ

「スープ、スープ、スープ！」と風の強い冬の日、友人が連呼していました。「スープを食べて温まりましょ！ おなかもいっぱいになるし、寒いときは欠かせないわよね！」。ラトビア語でスープはズッパ（Zupa）。安くて手軽で、カフェの日替わりランチでも定番メニューです。ポタージュは日本のものよりずっと濃厚。酸味のきいたキャベツのスープや豆がたっぷりのスープ、野菜入りサーモンのスープなど、どれもダシがきいていてしっかりした味つけです。「パンも食べる？」と聞かれてうなずくと、無料でパンをつけてくれる嬉しいサービスに出会うことも。ある日、お昼どきにカフェに入ってみたら、そこにいるお客さん全員が黒オリーブとサワークリームを浮かべたオレンジ色の

スープを食べていました。友人に尋ねると、もともとウクライナ料理のソリャンカというスープだそうです。刻んだ野菜やベーコンが入った濃厚な味の家庭料理で、「冷蔵庫に余っているものも入れてつくっちゃいます」とのこと。ちなみに、スーパーマーケットなどでも売っているマイゼス・ズッパ(Maizes Zupa)は冷たくて甘いデザートスープです。黒パンからつくるので、見た目は日本のおしるこのよう。野外マーケットでもスープを出す店はたくさんありますし、レストラン リドに行くと、ラトビア人が大好きなスープのメニューが何種類も並んでいます。

Virtuve

ヘビー＆ハーティーから
ヘルシー＆スタイリッシュへ

昔ながらのラトビア料理は、高カロリーで、油っ濃くて、塩分が多く、その上ボリューム満点。裕福とはいえなかったこの地方で長く厳しい冬を耐え忍ぶのにはそんなヘビーでハーティーな食事が必要だったのだろう。気候や習慣の似た東欧、北欧の国々との共通点も多い。例えば、この国の食事に欠かせないライ麦の黒パンや鮮やかなピンク色のビーツの冷製スープは、ロシア人も大好き。ライ麦パンは、揚げて細かく切ってガーリックやスパイスをまぶせばビールのつまみに最高だし、クヴァスという清涼飲料に姿を変えて飲まれたりもする。
サワークリームやマヨネーズもたっぷり使う。隣国スウェーデンやポーラン

ドなどでも好んで食される黄えんどう豆のスープもあれば、ドイツのザワークラウトとして有名なキャベツの酢漬けもよく食べる。肉料理が中心だが、バルト海のニシンなどの魚料理も少なくない。森に入って自分でベリーを摘んだりキノコ狩りをする習慣もバルト三国を含む北欧・東欧地域に広く浸透している。

特にラトビアらしい料理といえば、今でもクリスマスの食卓には必ずあがるという赤えんどう豆のベーコン添えだろうか。カッテージチーズやキャラウェイシードのチーズも有名。他に忘れてはならないのが、ジャガイモやカッテージチーズのパンケーキで、専門店もある。

ラトビアの料理を手軽にいろいろ試したいときにお薦めなのが、リドというビュッフェ・スタイルのチェーン店。リーガの中心部に数店舗ある他、郊外には家族連れや観光客に人気の大型店舗もある。落ち着いた雰囲気の中ゆったりとラトビアの伝統料理を楽しむのであれば、旧市街のホテル・ネイブルクスの斜め向かいにある、外観もかわいらしい、1221がおすすめ。そんなラトビアの食の世界にも確実に新しい波が押し寄せている。ことグルメとなると話題の少なかった北欧から、デンマークのノーマのような世界的レストランが登場したのに刺激を受け、ラトビアの新世代を担うシェフ達も「新しいラトビア料理のマニフェスト」を掲げたり、積極的にコンペティションに参加したりして、新興勢力として注目を集めつつある。素材を厳選し、組み合わせや演出に趣向をこらしたスタイリッシュでヘルシーな新しいラトビア料理の誕生だ。しかもお値段は、パリやニューヨークはもちろん、物価の高い北欧諸国と比べてもまだまだ安く抑えられているので、今がチャンス。

以前からリーガ最高のレストランとして定評があるのがヴィンセンツ。近年特に評価が高いのは、図書館をコンセプトとしたインテリアのビブリオテーカN°1やソースでお絵描きしてくれるパフォーマンスも楽しい3パヴァル。ヴァルテラは、ラトビア産の素材にこだわることで知られ、前ラトビア首相

夫妻も常連だという。ここでもメニューに見かけるラトビア産のチョウザメやキャビアなどは近年の食材の変化を示す一例。同じ通りにあるドムホテルのジヴジュ・レストラーンスは、リーガ大聖堂を目の前に眺めるテラスにありロケーションもロマンチックだ。これらはいわゆる高級店だが、もっと手頃に楽しめる小洒落た店や感度の高い若者が集うヒップな店もたくさんオープンしているので、ぜひ街歩き中に店構えや店員さんの笑顔にビビッときたらトライしてみてほしい。リーガをはじめて訪れると、きっとそのセンスのよさとコストパフォーマンスの高さに驚かされるに違いない。2017年、リーガとガウヤ地域は、欧州グルメ地区に指定されており、「野生の味覚」をテーマに地元の自然の恵みを生かしたさまざまな試みが計画されているというからさらに楽しみだ。

最後にスウィーツに話を移そう。ラトビアはこの地域では以前からチョコレートづくりで知られ、中でも国民的な知名度を誇るブランドがライマ。リーガ市内にも数多くの店舗があり、空港でもさまざまな商品がお土産用に売られている。自由記念碑近くのライマの時計塔は待ち合わせスポットとしても有名だ。こだわりの手づくりチョコレートなら、ネレウラがおすすめ。色鮮やかなバジル＆マンゴーやクランベリー＆マスカルポーネのトリュフ、板チョコならスパークリング・ワイン風

77

味のダークチョコレートやブルーベリーとリンゴンベリー入りのホワイトチョコレートが人気だ。
そのネレウラやプーレ、エミールス・グスタフスなどラトビアを代表するブランドを渡り歩き商品開発を手がけた女性が、シェフとしてテレビの料理番組を担当して一躍有名になったリエネ・ゼミーテ。女性誌の表紙を飾ったり、スーパーのCMに登場したりと引っ張りだこ。ライマで働く母に連れられて10歳の頃から工場に出入りしていたのがこの世界に入ったきっかけだという。ショコラティエ、パティシエ、シェフと何でもこなし、レモンのトリュフ・チョコレートなど異なる味覚を組み合わせるのが得意。でも、目新しい組み合わせのレシピは、「伝統的な料理に慣れ親しんだ親の世代にはなかなか受け入れてもらえない」と笑う。旧市街から川向こうにあたる地区にラプサス・マーヤという自らのカフェも営んでいる。教会の尖塔が連なるリーガの旧市街を対岸から眺めに行くついでに寄ってみてはいかがだろう。おいしそうなケーキがたくさん並んでいて迷うが、どれも日本人の口にもよく合うので、ぜひ試してみてほしい。ペイストリーも豊富で朝食用に持ち帰ったナスのパイもびっくりするほどおいしかった。

Kafejnīcas

カフェ

リーガの若者に人気のカフェを4軒ご紹介します。おしゃれながらも、静かにくつろげる雰囲気のお店ばかり。街歩きの合間に立ち寄って一息つくのにもってこいです。リーガの他にも、ツェーシス（P90）やスィグルダ（P92）など地方都市のカフェには、素朴なあたたかみが感じられます。こぼれそうなくらいにベリーがのったケーキ、カウンターに並ぶハーブティーのビン。お昼どきには一気に近所の人たちが集まってきたりして、ほのぼのとした光景が魅力的です。

78

インデックス・カフェ（Index Cafe）
ブリーヴィーバス大通り（中央郵便局近く）に1店舗と、ユーゲントシュティール建築群（P26）の近くに1店舗あり、打ちっぱなしのコンクリートと黒色のシンプルな内装。季節のフルーツとベリーソースをのせた自家製ヨーグルトが人気！ メドゥス・クーカも食べられる。
ⓂP177 ⓘP184

ミュート（Mute）
ミエラ通りに近い、新市街の東側にあるカフェ＆レストラン。通りに面した席は日射しが明るく開放的。バーも併設された落ち着いた雰囲気。早朝から夜遅くまで営業している。
ⓂP177 ⓘP184

トルシス・カフェ（Trusis Kafe）
うさぎ（Trusis）の名前通り、うさぎの看板が目印のカフェ。ユーゲントシュティール建築群に近いエリアにある。野菜が使われたフードメニューが充実していて、料理は全体的におだやかな味わい。
ⓂP177 ⓘP185

ノムノム・カフェ（Nomnom Cafe）
紫の内装と落ち着いた照明の店内は、どこかエキゾチックな雰囲気。大きなカップケーキやタルトは2.5ユーロから、大きくて見た目もおしゃれなケーキは3ユーロから、ポップでかわいらしいデザインの茶器でサーブされる。若い女性がオーナーのカフェ。
ⓂP177 ⓘP185

Mākslas kafejnīca Sienna

カフェ・シエナ

ロシア風の豪華なインテリアと手づくりのケーキが楽しめるお店、カフェ・シエナ。かつての持ち主が店を閉めようとしたときに、ここを譲り受けたのが現在のオーナー、アレクサンドルさんです。本業はIT関係という彼は「晴れの日に利用してもらえるような店」「ここにしかない最高のものを提供する」という二つのコンセプトのもと、新たにカフェ・シエナの運営をはじめます。飲食業が専門ではない彼がとった方法は、自分にできないことはその道のプロの力を借りるというものでした。「ケーキは2軒となりのマルチェルスでつくってもらっているし、コーヒーはミエラ通りのカフェのものです。お茶やワインは、自分で探していいと思ったものを提供しています。旅先で見

79

つけた素晴らしいものを紹介することもありますよ」。そんなカフェ・シエナの看板商品は、ベリーのチーズケーキ。ヤギのチーズを利用し、フレッシュな風味に仕上げたチーズケーキにベリーのソースがたっぷり。何種類ものベリーを使い、生に近い食感を残したソースの味に「さすが、ベリーを愛する国ラトビア！」と脱帽してしまいました。「本も、図書館にさえ置いてないものを集めています。珍しい本があるからと来てくれる人が増えていますよ」。特に若い世代に本当に素晴らしいものを紹介していきたいと語るアレクサンドルさん。「また世界を旅して、素敵なものを見つけたい。おいしい緑茶をつくっている日本にも行ってみたいですね」。

arbOOz

アルブーズ

ユーゲントシュティール建築群（P26）に近いエリア、リーガの展望スポットの一つスターラウンジ・バーで有名なアルベルト・ホテルの斜め向かいにあるカフェ、アルブーズ（Arbooz）。高い天井に白のインテリアの店内では、リーガ女子がタルトを食べながらおしゃべり。ケーキやマカロンをテイクアウトする人もひっきりなしに訪れます。オーナーパティシエのカリーナさんがつくるスイーツはどれもワクワクするようなかわいらしさ。山盛りのベリーがのったタルトはザクザクとした食感の生地、あっさりしたクリームに旬のベリーの三重奏。色鮮やかなマカロンはサクッと軽い生地の間に、フルーツやコーヒー味の濃厚なクリーム。一

80

一つ一つのパーツがとても丁寧につくられていて、彼女のこだわりを感じます。「すべてベリーなどの素材の色を生かします。着色料で色づけしたようなお菓子は子どもに食べさせたくないから。でも冬の終わりから春のはじめは、なかなか鮮やかな色の素材がないから大変なんです」。カリーナさんの工夫はスイーツにとどまりません。ケーキの形を崩さず持ち帰れるよう考えたボックスは特注品。乾燥しやすいショーケースにはスイーツを入れずに自作のレプリカを置いています。すべてはつくりたての美しい見た目とおいしさを損なうことなく食べてもらうためなのです。溢れるほどの情熱がこもったお菓子は大人気で、売り切れになる日も多いとのこと。早めに訪れるのが正解です。

Varonis

英雄伝

ラトビアで伝説の英雄といえばラーチプレシス。ドイツ人の入植とキリスト教の流入に対するラトビア人の抵抗を描いた叙事詩に登場します。熊の耳を持つ、神に選ばれた怪力のラーチプレシスはドイツ人に支配された街を解放するために戦います。しかし、怪力の源の熊の耳が切り落とされ、彼はダウガワ川に沈められてしまいました。人々はラトビアに苦難が訪れたときにはラーチプレシスが再び蘇ると信じて待ち続けているという話です。この詩は19世紀後半に書かれたもので、各地方に伝わる伝説に史実がプラスされています。ロシア領だった時代に人々の「ラトビア人」としての意識を高め、また、独立への気運を高めるのに貢献しました。

81

Valsts karogs

国旗

ラトビアの国旗はラトビアン・レッドと呼ばれる深い赤を地に、中央に白いラインがくっきりと引かれたデザインです。由来は13世紀に入植したドイツ人の帯剣騎士団とラトガリ人の戦いにまで遡ります。バルトに進出したドイツ人たちは各地で諸民族と激しい戦いを繰り広げました。戦いで傷ついたラトガリの王は降伏の白旗の上に横たえられると、彼の体から流れ出た血が旗を赤く染め、体に敷かれた部分だけが白く残った……という伝説が残っています。その頃書かれたリヴォニア年代記に、ラトガリ人が戦いのときに「白い線の入った赤旗」を用いていた、という記録があります。

82

Tirdzniecība 83

交易

ダウガワ川を利用した交易の歴史は古く、その記録はリーガの街がつくられる以前から残されています。リーガの発展は海運と切り離して語ることはできません。軍事博物館（P38）にはダウガワ川上から見た中世の街のジオラマが展示され、そこには川を行き交う帆船、川下に広がる旧市街には現在と同じ教会群が。バルト海をはるばる渡ってきた旅人たちは、船上からリーガ大聖堂や聖ペーテラ教会の尖塔を眺めていたのですね。リアルに水上からの光景を楽しみたい方はダウガワ川クルーズへ。旧市街付近をめぐる1時間コースは7ユーロ、2時間半のサンセットクルーズは15ユーロなど、運行会社によってさまざまなコースが用意されています。

Dzintars 84

琥珀

旧市街に何軒も並ぶ、琥珀を売るお店。バルト海沿岸地域の名産である琥珀は血液の循環をよくすると信じられていて、アクセサリーの他、インテリアにも加工されています。お土産として売られているハリネズミのマグネットは、ハリの部分が琥珀のかけらでできていました。最近では、琥珀の成分を化粧品にブレンドしたり、繊維にしてリネンに織り込んだりといった新たな用途も広がっています。歴史上では、1世紀にローマの歴史家タキトゥスが、琥珀の交易相手であったバルトの人々に関する記述を残しています。その言語や生活様式について語る中で、彼らが琥珀を採集することにも触れているようです。

Vēsture

<u>苦難の歴史、悲願の独立、
EU加盟、ソ連時代の遺産</u>

ラトビア共和国は、第一次大戦後の1918年11月18日、18世紀からこの地を支配していた帝政ロシアからの独立によって成立した。この地域の人々は、以前から、ドイツ、リトアニア、ポーランド、スウェーデンと多くの国々の支配下に置かれてきた苦難の歴史を持つ。

第二次大戦中の1940年にソビエト連邦に侵略され、翌1941年にドイツの占領下に。さらに、1944年には、ソ連に再併合される。1980年代後半、ペレストロイカの進展に伴ってバルト三国で「歌う革命」と呼ばれる独立回復運動の気運が高まり、1989年には国境をまたいで200万人もの人々が手と手をつなぎ、約600kmに及ぶ

人間の鎖を形づくった。この「バルトの道」に象徴される、熱い想いを込めた活動が実を結び、1991年に三国揃って独立を達成する。その後は、積極的に西側よりの政策を推し進め、2004年には、帰国以前はカナダの大学で教鞭を取っていた初の女性大統領ヴァイラ・ヴィーチェ＝フレイベルガの功績もあって、EUおよびNATOに加盟する。

2008年の世界金融危機では大きな経済的打撃を被り、翌2009年にはGDPが前年比マイナス14％まで落ち込む非常事態に陥るが、厳しい緊縮財政を敢行して耐え忍び、目覚ましい回復を成し遂げる。2014年には通貨としてユーロを導入、2016年には念願のOECD加盟を実現させた。その一方で、若い労働力の英国、アイルランドなどEU諸国への流出が止まらず、独立前の1990年に約260万人でピークを迎えた人口が現在は200万人を切るまでになっている。

ラトビアは、第二次大戦中に人口の約3分の1を失い、そこに旧ソ連各地から人々が移り住んだ経緯から、住民の3割以上がロシア語を母語とし、ラトビア語を話さない者も約2割を占める。ロシア系住民は、リーガなどの都市部に集中しており、第二の都市ダウガフピルスでは過半数を占める。また、独立時の政策に起因し、ロシア系住民を中心に30万人以上がまだ市民権を持たない。ラトビアに定住しながら国籍も選挙権も持たない人々が多数存在することは、人道的見地から国際的にも問題視されている。一方、ラトビア系住民の間には、旧占領国ロシアやその言語に対する警戒心が今も根強く、ロシアによる2014年のクリミア侵攻は、他人事ではなかった。日常生活において民族間の対立が表面化する場面はほとんどないが、歴史観やアイデンティティーが絡む問題だけに、こと政治となると、民族や言語による分断は明らかだ。しかしながら、ラトビア語、ロシア語、英語をいずれも流暢に操る国民が多く存在する状況は、国際ビジネスや観光分野でさらなる成長が期待されるラトビアの大きな強みでもある。

Ūdens

水

ラトビアでは水道水はそのまま飲めません。日本の軟水とは違い、かなりの硬水である上、水道管が古くなっていることが多いからだそうです。煮沸すればOKなので、お茶やコーヒー、料理には問題なく利用できます。ホステルの共用キッチンには浄水器つきのポットが置いてあり、国籍さまざまな宿泊客たちがそのポットの水を飲んでは水道水を足し、沸かしていました。飲食店でも無料で水が提供されることはまれなので、お水が欲しければ注文しましょう。スーパーマーケットでは、例えば日本でよく見かけるヴォルヴィック（500㎖）が0.5ユーロほどで売っています。国産か輸入銘柄か、炭酸の有無、軟水か硬水か、価格などバリエーションは豊富です。

86

Vasara

夏の楽しみ

「ラトビアの夏はとてもステキよ!」。何度いわれたことでしょう。日は長くなり、さわやかな日差しが降り注ぐ夏。ただ、ラトビアの夏はとても短いのです。6月の夏至祭のころはまだ上着がないと寒いことが多いですし、9月に入るともう長袖の服が必要になります。この短いながら最高の季節を、ラトビアの人々は自然の中で過ごすのが大好き。家族や友人同士で集まり、森でベリーを摘んだり、ウォーキングに出かけたりして楽しみます。そして、みんなが集まる日の食事はバーベキュー。スパイスやみじん切りの野菜に漬けたお肉を串に刺して焼くシャシュリクというカフカス料理や、黒パンのガーリックトーストは、ビールのおともに欠かせません。

87

Lietus 88

通り雨

さわやかな朝、満天の青空を見上げながら観光をスタート！と歩きはじめた途端、見る見るうちに空が曇り出して雨が降ってきました。リーガでは、このような天気の急変がよくあります。雨の降り方も、ばらつく程度ではなく、突然叩きつけるような勢いで降り出すことが多いので困ったものです。いざというときのお守りに、雨具を持っておくといいでしょう。もし、運悪く突然の大雨に遭遇してしまったら、近くのカフェで雨をやり過ごすのも一つの方法です。雨上がりの石畳やレンガづくりの教会はつややかな雰囲気で、晴れた日の美しさとはまた違った趣きがあります。

Saule

太陽

リーガは日本の最北端よりずっと北に位置し、夏と冬、季節によって昼の長さが驚くほど違います。夏至の前後になると日没から日の出まで6時間ほどしかありません。あたたかくなると、ラトビア人は希少な日差しを求めて自然の中に飛び出します。日光を思う存分楽しみたい！という意識があるのでしょう。風が冷たい午前中には誰一人いなかった公園が、暖かい午後には人で溢れていることもありました。天気のいい休日のカフェやレストランは、テラス席がいつも満席。ただ、北国とはいえ日差しや紫外線が意外と強く日焼けしやすいので、対策はお忘れなく。

Ziema 1

冬の夜明け

12月のリーガでは午前7時はまだ夜明け前です。目が覚めて窓の外を見ても、そこにある景色は眠る前と同じ。朝食を食べるためにホテル階下のレストランに降りていっても、室内の照明は昨日の夕食時と変わりません。早朝の旧市街を散歩してみると、ときおり出勤途中と思われる人とすれ違うくらいでとても静か。人目を気にせずイルミネーションの写真が撮れる時間帯です。ダウガワ川にかかる橋を渡っていく電車はまるで夜行列車のよう。午前8時前になってようやく川の南側の空が明るくなりはじめ、人の行き来が増えてきます。リーガ大聖堂の屋根が朝日を浴びて輝き出すのが、だいたい午前9時をまわった頃です。

90

Ziema 2

厳冬

12月はじめにリーガに行ったときのこと。雪が降る気配がなかったので、ラトビア人に「12月はいつもこんな感じですか?」と聞いたら、「いえ、もっと寒いですよ。これだと完全に秋の天気ですね」という返答が。ラトビアの冬は最高気温が氷点下、寒い日だと−30℃以下まで気温が下がり、多いときには30cmほど雪が積もります。冬はまさに、凍てつく季節です。この時期、街行く人々を見ていると、帽子と手袋にマフラー、ブーツもマストアイテムのようです。誰もが首をすくめながら足早に歩いていきます。吹きつける風はあまりに冷たく、ミトンをはじめとするニットづくりがこの国でいかに大切な仕事であったか、ひしひしと感じました。

Ziema 3

冬のリーガあれこれ

個人で空き家を貸し出している宿に泊まりました。いわゆる民泊ですが、リーガ周辺でもAirbnbなどで宿を見つけることができます。私が宿泊したのは市庁舎広場にほど近く、キッチンの窓からリーガ大聖堂が見える素敵な物件(1階のカジノから一晩中音楽が聞こえていましたが)。ただ、一つ問題が……。外出から戻ってきたとき、寒かったので暖房を入れようとしたのですが、電源がつきません。古いリーガの建物はセントラルヒーティングになっているところが多く、最高気温が8℃以下にならないと暖房は入らないというルールがあったのです。ただ、ホテルにはたいていエアコンがついていますのでご心配なく。

Ziemassvētki

クリスマス

一説によると、クリスマスツリー発祥の地は何とリーガなのだそうです。12月は街中にクリスマスツリーが設置され、ダウガワ川沿いや旧市街もイルミネーションがとてもきらびやか。リーガ大聖堂前のドゥアマ広場やリーヴ広場、エスプラナーデ公園にはクリスマスマーケットが現れ、ニットや木工品、キャンディーなどが売られています。郵便局のブースまで出店しているのは、遠方にクリスマスプレゼントを送るためでしょうか？ この時期だけは、プレゼント用にと抱えるほど買い物をする人によく出会います。リーガを代表するお土産屋、ピエネネも観光客でいっぱい。さまざまな言語でプレゼント選びに悩む会話が聞こえてきます。クリスマス前の活気に店

93

員さんも慌ただしい様子。カルンツィエマ・マーケット（P48）にもキャンドルやクリスマスリースの材料を売るお店が続々と登場します。「クリスマスの1か月前には、それぞれ好きなデザインでアドヴェントのリースをつくるの。12月25日までの4回の日曜日に、1本ずつろうそくに火をつけていくんだけれど、その写真を見せ合うのが楽しいのよね！うちのはこれ、息子とつくったの。これが妹ので、こっちはいとこ……」と、友人が写真を何枚も見せてくれました。街のあちこちで無料のコンサートやチャリティーバザー、移動動物園などのイベントが開かれ、他の季節にはないクリスマスならではの雰囲気が楽しめます。

Ⓜ P177、ビエネネ ＝ Ⓜ P178 ⓘ P183、カルンツィエマ・マーケット ＝ Ⓜ P176

Dziesma un koris

左©Jānis Deinats、右©Akiko Mizoguchi

歌はラトビア人の魂、合唱はラトビア人のアイデンティティー

「歌こそがラトビア人の魂であり、合唱がラトビア人のアイデンティティーです」と語ってくれたのは、ジャンルを超えて多彩な活動を繰り広げるギタリスト、カスパルス・ゼミーティス。彼はクラシック音楽を活動の中心に据えながらも、ジャズ、ファンク、ロックとあらゆる楽曲をこなし、ソロから、オーケストラ、合唱団との共演にいたるまで幅広く活躍する現代ラトビアを代表するギタリストの1人。国立音楽アカデミーで教鞭も取っている。少年時代はクラリネットやサックスも得意だったそうだが、ラトビアの音楽の真髄を語るならば、やはり真っ先に語られなければならないのは「歌」だという。

ラトビアには生活のあらゆる場面で歌う歌がある。朝起きたときに歌う歌、畑を耕すときに歌う歌、眠るときに歌う歌。彼自身も母親の子守唄を聞いて育ち、今は自分が息子に歌って聞かせるのだという。

1873年にはじまった「歌と踊りの祭典」は、ユネスコ世界無形文化遺産に指定されていて、5年に1度リーガで開催される。次回はラトビア建国100周年にあたる2018年。数万人の参加者が民族衣装を着て集い声を合わせて歌い踊るとき、スタジアムは歓喜と感動に包まれる。

バルト三国には、「歌う革命」を通じて、ソ連からの独立を勝ち取った過去がある。「あの頃僕らはバリケードをつくって歌い続けた。武器のない僕たちが独立を勝ち取ることができたのは、夢のような話。歌が奇跡を起こしたんだ」。現在世界の一流オペラ座の舞台を席巻しているラトビア人歌手たちにしても、国境を超えて人気のあるプレインストームのようなロックバンドにしても、この国の合唱の伝統の中で育ったことが必ずそのルーツにあると彼はいう。

話は飛ぶが、日本で一番よく知られているラトビアの歌曲といえば、加藤登紀子が日本語版を歌った「百万本のバラ」だろう。ジョージアの国民的画家ピロスマニにまつわる恋の逸話を綴ったロシア語版で有名になり、日本語詞もこれに基づくため、ロシアの曲だと思われがちだが、もともとはラトビアで生まれた歌謡曲。ラトビア語の歌詞は、この国の苦難の歴史を暗示するもので、全く内容が異なるという。作曲者のライモンズ・パウルスは、高名な音楽家で、文化大臣も務めた人物。

ところで、花を贈る習慣は、ラトビアでもとても盛んで、あちこちの街角にたくさんの花屋が並び、遅くまで営業している。リーガのレストランで友人と待ち合わせたとき、花を持参したところ、お店の人が花瓶をテーブルに持ってきて食事の間飾ってくれた。日本では見かけない心憎いサービス。ラトビア女性と会うときは、ぜひ花束と歌の準備を忘れずに。

Velosipēds

自転車

街を歩いていると、格好よく自転車を乗りこなす人たちにたくさん出会います。近年この国でも、健康的だから、環境に優しいからと、さまざまな理由で人気が高まっている自転車。おしゃれなサイクルショップがいくつもありますが、新市街地の東に店舗を構えるエーレンプレイスは特におすすめです。ストイックなフォルムのロードバイクや、カーボンで軽量化した折りたたみ自転車、クラシカルなママチャリからキッズバイクまで幅広いジャンルを扱っています。軽いボディにお尻が痛くなりにくいサドルがついた、女性向けデザインのバウラには一目惚れ。それを広報のエレーナさんにお伝えしたら、「日本への発送についてもご相談をお受けしますよ」とニコリ。店

95

内にはコーヒースタンドがあるためコーヒーを飲みながら、また、試乗会やイベントなどを積極的におこないながら、『自転車のある暮らしの喜び』を提案しています。ちなみに、リーガにはレンタサイクルショップがたくさんあるので、市内の多くの場所で自転車が利用できるのは嬉しいところ。リーガ以外で自転車での周遊がおすすめの観光地としては、ガウヤ国立公園の中にある古都ツェーシス（P90）にも何軒かレンタサイクルショップがあります。ここには豊かな自然を楽しめるスポットがたくさんあるので、天気のいい日は自転車を借りてのんびり巡ってみるのもいいでしょう。

Tualete

公衆トイレ事情

トイレは使用料（0.3〜0.5ユーロほど）がかかるところがあります。リーガ中央駅のトイレでは入口でお金を払い、チケットをもらって入ります。中央市場（P74）のトイレも有料です。無人駅などではコインを入れて鍵を開けるところもあるので、常に小銭を持っておきましょう。リーガ市内の公園にあるトイレは扉の横のボタンを押すとブザーが鳴って鍵が開き、無料で使えます。トイレの横に紙を捨てる箱が置かれていたら、紙は流すなということ（配管がつまりやすいため）なのでご注意を。また、紙が置かれていないこともありますので、ポケットティッシュなどを持参しておくと安心です。

Pasts   97

郵便局

群青色に黄色い封筒のマーク、PASTSと刻印されている建物がラトビアの郵便局です。青い屋根に鮮やかな黄色の細長いボックスが目につくポストは、街の建物の壁に取りつけられています。リーガ中央駅内など大きな郵便局を利用するときは、番号札を取って、順番を待つシステムのところも。発券機の表示はラトビア語のみで、一番上が郵便物関係、2番目が宅配便関係となっています。日本へハガキを送るときの切手代は0.71ユーロ。英語が通じなかったとき、はがきを見せてヤパーナ（日本）と伝えたら笑って切手を貼りつけてくれました。郵便局のマークが入った宅配便用のダンボール箱も販売されています。

Izkārtnes

街の看板で学ぶ
ラトビア語講座

- 営業時間＝Darba Laiks
- 博物館＝Muzejs
- トイレ＝Tualete
- お菓子屋さん＝Konditoreja
- パンケーキ＝Pankūkas
- カフェ＝Kafejnīca
- お茶＝Tēja
- コーヒー＝Kafija
- ジュース＝Sula
- アイスクリーム＝Saldējums
- お土産＝Suvenīri
- 花屋＝Ziedu Tirgotava
- ラトビア製＝Ražots Latvijā
- 株式会社＝SIA
- 注意！滑ります！＝Uzmanību! Slidens!
- うさぎの王国（クリスマス前に登場するうさぎだけの動物園）＝Trušu Karaliste
- ランチ＝Pasdienas

98

Māksla 1

リーガのアートシーン

はじめてラトビアのアートに触れるなら、真っ先に訪れるべきは、大胆なリノベーションを経て2016年5月に新装オープンしたばかりのラトビア国立美術館だ。かつての外観をうまく残しながら屋上にテラスを設けたり、現代展示を増強したり、さらに魅力を増している。ここに来れば、ラトビア美術の歴史を概観することができる。
ラトビア国立美術アカデミーの創立者でもあるヴィルヘルムス・プルヴィーティスの風景画は、ラトビアの原風景として、この国の人々の心に深く印象づけられている。旧ソ連時代にロシア構成主義の一翼を担ったグスタフス・クルーツィスの斬新な作品にも注目したい。

リーガ城からほど近いアルセナールスや市庁舎前広場脇のリーガ・アートスペースでは、現代アーティストの企画展を見ることができる。中央市場のそばにはKim?（ラトビア語でWhat is art?を意味する言葉の頭字語）、旧市街からダウガワ川を隔てた対岸には独立系アートシーンを牽引してきたノアスのフローティング・ギャラリーがある。
カルンツィエマ広場や国立図書館内の展示スペース、2階のカフェ＆レストランも評判のギャレリヤ・イスタバなど、何かのついでに気軽に訪れることのできるアートスペースも点在する。2021年の建国記念日には、アジェイ・アソシエイツの設計によるラトビア現代美術館がオープンする予定だ。

ラトビア国立美術館 & Kim? & ノアス & ギャレリヤ・イスタバ ＝ ⓂP177 ⓘP185
アルセナールス & リーガ・アートスペース ＝ ⓂP178 ⓘP185

Māksla 2

ロスコの故郷に誕生したアートセンター

ラトビア第二の都市ダウガフピルスは、20世紀絵画を代表する抽象表現主義の巨匠マーク・ロスコの故郷だ。当時帝政ロシア領でドヴィンスクと呼ばれていたこの地に生まれ、ユダヤ人迫害を免れるため1913年に10歳で渡米するまでの幼少期をここで過ごしている。

ロスコが、ニューヨークで、シュールレアリスムなどの作風を経て、長方形の色面から構成される独自のスタイルを確立したのは、1940年代後半。以来、一見シンプルなその作品は見る者に深い精神性を感じさせ、世界中の人々を魅了してきた。

ダウガフピルス・マーク・ロスコ・アートセンターは、彼の功績を記念して、ダウガフピルス要塞跡地に2013年にオープンした多目的文化施設だ。東欧で唯一ロスコのオリジナル作品を鑑賞できる他、マルチメディアによる関連展示もあり、国内外のアート作品の企画展や研究者を招いてのシンポジウム、ワークショップなどが精力的に開催されている。併設のカフェ＆レストランも好評で、宿泊施設も備えている。

リーガからは、バスや列車で3時間半ほどの旅となるが、ラトビアの新しい観光名所第1位に選ばれるなど、足をのばして訪れるだけの価値がある。少し日程に余裕を持って、自然や歴史豊かなラトガレ地方の観光と組み合わせれば、きっと満足度の高い旅になることだろう。

① カルンツィエマ・マーケット
　(Kalnciema Kvartālā Tirdziņš)
② スクリーベル・サルドゥミ
　(Skrīveru Saldumi)
③ ラプサス・マーヤ (Lapsas Māja)
④ Kim? (Kim? Laikmetīgās Mākslas Centrs)
⑤ ライマ (Laima) ／ライマ・チョコレート
　ミュージアム (Laimas Šokolādes Muzejs)
⑥ マキシマ (Maxima)
⑦ カフェ・シエナ (Café Sienna)
⑧ マルチェルス (M'archers)
⑨ ヴィンセンツ (Restorāns Vincents)
⑩ インデックス・カフェ (Index Cafe)
⑪ アルブーズ (Arbooz)
⑫ 古聖ゲルトルード教会
　(Vecā Sv. Ģertrūdes Baznīca)
⑬ ヴィーナ・ストゥディヤ (Vīna Studija)
⑭ トルシス・カフェ (Trusis Kafe)
⑮ ミュート (Mute)
⑯ エーレンプレイス (Ērenpreiss)
⑰ パヴィリヨン (Paviljons)
⑱ ラトビア国立美術館
　(Latvijas Nacionālais Mākslas Muzejs)
⑲ ノムノム・カフェ (Nomnom Cafe)
⑳ ギャレリヤ・イスタバ (Galerija Istaba)
㉑ クーコタヴァ (Kūkotava)
㉒ リイヤ (Riija)
㉓ リド (Lido)
㉔ クラセ (Klase)
㉕ ナイス・プレイス (Nice Place)
㉖ トーキョー・シティ (Tokyo City)
㉗ インデックス・カフェ (Index Cafe)
㉘ ビブリオテーカN°1
　(Bibliotēka N°1 Restorāns)
㉙ ヤーニス・ルアゼ書店 (Jānis Roze)
㉚ エミールス・グスタフス (Emīls Gustavs)
㉛ アンナ・レド・スタジオ (Anna Led Studio)
㉜ ホテル・ベルクス (Hotel Bergs)
㉝ ナルシス (Narciss)
㉞ セントラル・ホステル (Central Hostel)
㉟ ノアス (NOASS)
㊱ 科学アカデミー (Zinātņu Akadēmija)
㊲ ラトビア国立図書館
　(Latvijas Nacionālā Bibliotēka)
㊳ アルベルト・ホテル (Albert Hotel)

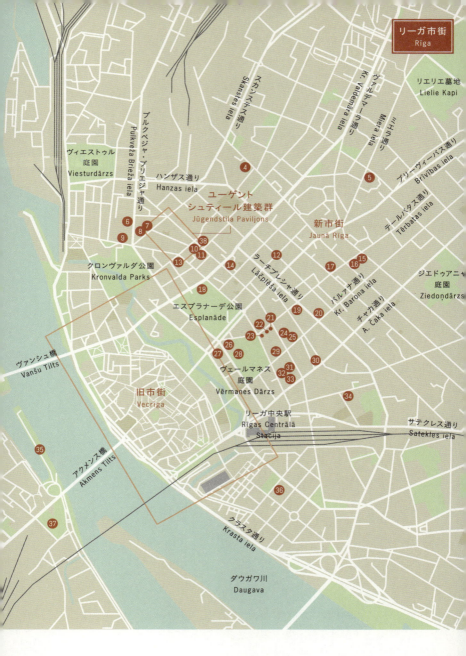

1. アルセナールス (Izstāžu Zāle Arsenāls)
2. エトゥモ (Etmo)
3. クリストファー像 (Lielais Kristaps)
4. 聖イェーカバ教会 (Sv. Jēkaba Katedrāle)
5. 3パヴァル (3 Pavāru Restorāns)
6. ホビーウール (Hobbywool)
7. 三人兄弟 (Trīs Brāļi)
8. ジヴジュ・レストラーンス (Zivju Restorāns Le Dome)
9. ヴァルテラ (Valtera Restorāns)
10. 軍事博物館 (Latvijas Kara Muzejs) 火薬塔 (Pulvertornis)
11. アルス・テラ (Ars Tela)
12. リーガ大聖堂 (Rīgas Doms)
13. 猫の家 (Kaķu Māja)
14. 自由記念碑 (Brīvības Piemineklis)
15. 1221 (Restorāns 1221)
16. ダブル・コーヒー (Double Coffee)
17. ライマの時計塔 (Laimas Pulkstenis)
18. ホテル・ネイブルクス (Viesnīca Neiburgs)
19. ステンダース (Stenders)
20. セナー・クレーツ (Senā Klēts)
21. 市庁舎広場 (Rātslaukums) 聖ローランド像 (Rolanda Statuja)
22. 工芸とデザインの博物館 (Dekoratīvās Mākslas un Dizaina Muzejs) 聖ゲオルギ教会 (Sv. Jāņa Baznīca)
23. リーガ・アートスペース (Rīgas Mākslas Telpa)
24. ブラックヘッドの会館 (Melngalvju Nams)
25. ピエネネ (Pienene)
26. ラトビア国立歌劇場 (Latvijas Nacionālā Opera un Balets)
27. 聖ペーテラ教会 (Sv. Pētera Baznīca)
28. ガレリヤ・ツェントルス (Garelija Centrs)
29. マルティナ・ベケレヤ (Mārtiņa Beķereja)
30. アプサラ (Apsara)
31. 写真博物館 (Latvijas Fotogrāfijas Muzejs)
32. 映画博物館 (Rīgas Kino Muzejs)
33. ストックマン (Stockmann) マダラ (Madara)
34. リミ (Rimi)
35. ツェーシス城 (Cēsu Ordeņpils) アーライシ湖 (Āraišu Ezers)
36. トゥライダ城 (Turaidas Pils) グートマニャ洞窟 (Gūtmaņa Ala)
37. プーレ・チョコレートミュージアム (Pūres Šokolādes Muzejs)
38. リーガ国際空港 (Starptautiskā Lidosta Rīga) リド (Lido) ホテル・スカイハイ (Viesnīca Sky-High)
39. 55マーリーテス (55 Mārītes)
40. ダウガフピルス・マーク・ロスコ・アートセンター (Daugavpils Marka Rotko Mākslas Centrs)
41. ルンダーレ宮殿 (Rundāres Pils)

Indekss
インデックス

P16・48
リーガ国際空港
Starptautiskā Lidosta Rīga
- Lidosta 'Riga'
- +371 29311817
- riga-airport.com/en

P16
リド リドアスタ
Lido 'Lidosta'
- リーガ国際空港内
- +371 67068771
- 8:00-20:00（ビュッフェ）
  9:30-21:30（バー）
  定休日なし

P16
ホテル・スカイハイ
Viesnīca Sky-High
- Lidosta 'Riga' LV-1053
- +371 67667950
  （24時間対応）
- airport-hotel.lv/en

P22・28・44・54・108・116・154
聖ペーテラ教会
Sv. Pētera Baznīca
- Skārņu iela 19
- +371 67181943
- 火〜土10:00-18:00
  日12:00-18:00
  月休
- peterbaznica.riga.lv/en
- 5月〜8月は開館時間が1時間延長

P22・52・54
ブラックヘッドの会館
Melngalvju Nams
- Rātslaukums 7
- +371 67181800
- melngalvjunams.lv

P22
三人兄弟
（ラトビア建築博物館）
Trīs Brāļi
- Mazā Pils iela 17, 19, 21
- +371 7220779
- 月9:00-18:00
  火〜木9:00-17:00
  金9:00-16:00
  土・日休
- archmuseum.lv

P28
科学アカデミー
Zinātņu Akadēmija
- Akadēmijas laukums 1
- +371 67225361

P30・42・58
古聖ゲルトルード教会
Vecā Sv. Ģertrūdes Baznīca
- Ģertrūdes iela 8
- +371 67275707
- gertrude.lv

P32
ルッチと宣江
Ručs un Norie
- facebook.com/RuchNorie

P32
Magic Kimono
- facebook.com/magickimono

P34
アプサラ
Apsara
- Kr. Barona 2a
- +371 67227710
- 月〜金10:00-22:00
  土・日11:00-22:00
- apsara.lv/tea-houses
- info@apsara.lv

P37
ラトビア国立図書館
Latvijas Nacionālā Bibliotēka
- Mūkusalas iela 3
- +371 22022920
- 月〜金9:00-20:00
  土・日10:00-17:00
  祝日・第2月休
- lnb.lv/en
- ekskursijas@lnb.lv

P38
映画博物館
Rīgas Kino Muzejs
- Peitavas iela 10
- +371 67358873
- 火・水・金11:00-18:00
  木11:00-20:00
  土11:00-17:00
  日・月休
- kinomuzejs.lv

P38
工芸とデザインの博物館
（聖ゲオルギ教会）
Dekoratīvās Mākslas un Dizaina Muzejs
- Skārņu 10/20
- +371 67222235
- 火・木〜土11:00-17:00
  水11:00-19:00
  月休
- lnmm.lv/en/mdad
- 年末年始に特別休館日あり

P38
軍事博物館（火薬塔）
Latvijas Kara Muzejs
- Smilšu iela 20
- +371 67223743

🕐 10:00-18:00（4〜10月）
10:00-17:00（11〜3月）
🌐 karamuzejs.lv

P43
猫の家
Kaķu Māja
🏠 Meistaru iela 10
📞 +371 67225436
🕐 11:00-23:00
定休日なし
🌐 melnaiskakis.lv
✉ info@melnaiskakis.lv

P46
ラトビア国立歌劇場
Latvijas Nacionālā Opera un Balets
🏠 Aspazijas bulvāris 3
📞 +371 67073777
🌐 opera.lv/en
✉ info@opera.lv

P54
写真博物館
Latvijas Fotogrāfijas Muzejs
🏠 Mārstaļu iela 8
📞 +371 67222713
🕐 水・金〜日11:00-17:00
木12:00-19:00
月・火休
🌐 fotomuzejs.lv
✉ info@fotomuzejs.lv

P56・132
ホテル・ネイブルクス
Viesnīca Neiburgs
🏠 Jauniela 25/27
📞 +371 67115522
（ホテル）
+371 67115544
（レストラン）
🌐 neiburgs.com
✉ reservation@neiburgs.com
（ホテル予約）
restaurant@neiburgs.com
（レストラン予約）

P56・154・162・164
リーガ大聖堂
Rīgas Doms
🏠 Doma laukums
📞 +371 67227573
🕐 10:00-17:00
（10〜6月）
土〜火9:00-18:00
水・金9:00-17:00
木9:00-17:30
（7〜9月）
🌐 doms.lv/events/concerts.php
📋 コンサート情報はHP参照

P58
セントラル・ホステル
Central Hostel
🏠 Ernesta Birznieka-Upīša iela 20
📞 +371 22322663
🌐 centralhostel.lv

P60
アバヴァス
Avabas
🌐 abavas.lv/en

P60
ヴィーナ・ストゥディヤ
Vīna Studija
🏠 Stabu iela 30
📞 +371 67276010
🕐 月〜水11:00-24:00
木・金11:00-1:00
日12:00-22:00
土休
🌐 vinastudija.lv/en
📋 複数店舗（詳細はHP参照）

P64
リミ
Rimi
🏠 Stacijas laukums 2
📞 +371 67073090
🕐 7:00-24:00
定休日なし
🌐 rimi.lv
✉ info.lv@rimibaltic.com
📋 複数店舗（詳細はHP参照）

P64
マキシマX
Maxima X
🏠 Pulkveža Brieža iela 7
📞 +371 67320345
🕐 8:00-22:00
🌐 maxima.lv/en
📋 複数店舗（詳細はHP参照）

P66・124
ネレウラ
Nelleulla
🌐 nelleulla.com

P68・70・116・124
スクリーベル・サルドゥミ
Skrīveru Saldumi
🏠 Kalnciema iela 32a
📞 +371 27021414
🕐 月〜金9:00-19:00
土10:00-17:00
日休
🌐 skriverugotina.lv
📋 複数店舗（ファクトリーショップの情報はHP参照）

P71
マルティナ・ベケレヤ
Mārtiņa Beķereja
🏠 Vaļņu iela 28
📞 +371 67213314
🕐 月〜金7:30-21:00
土・日8:00-21:00
🌐 bekereja.lv/en

P54・72・74・137・170
中央市場
Centrāltirgus
🏠 Nēģu iela 7
📞 +371 67229985
🕐 7:00頃-18:00頃
　　定休日なし

P76
ガレリヤ・ツェントルス
Galerija Centrs
🏠 Audēju iela 16
📞 +371 67018018
🕐 10:00-21:00（1〜5階）
　　8:00-22:00（リミ、ナルヴァ
　　センのインショップ）
🌐 galerijacentrs.lv/en

P78
ラトテレコム・リーガマラソン
Lattetelecom Riga Marathon
🌐 lattelecomrigamarathon.
　　lv/en

P80
トーキョー・シティ
Tokyo City
🏠 Tērbatas iela 2
📞 +371 67242242
🕐 月〜木10:00-23:00
　　金10:00-6:00
　　土11:00-6:00
　　日11:00-23:00
🌐 tokyocity.lv

P80・114・118
リイヤ
Riija
🏠 Tērbatas iela 6/8
📞 +371 67284828
🕐 月〜金10:00-19:00
　　土10:00-17:00
　　日休
🌐 riija.lv/en
✉ riija@riija.lv

P80
クーコタヴァ
Kūkotava
🏠 Tērbatas iela 10/12
📞 +371 67283808
🕐 月〜金8:00-20:00
　　土・日10:00-18:00
🌐 kukotava.lv

P80
パヴィリヨン
Paviljons
🏠 Tērbatas iela 55
📞 +371 25474702
🕐 月〜金11:00-19:00
　　土12:00-17:00
　　日休
🌐 paviljons.com

P80・168
エーレンプレイス
Ērenpreiss
🏠 Tērbatas iela 64
📞 +371 20565566
🕐 月〜金11:00-19:00
　　土・日休
🌐 erenpreiss.com/en

P82
リド アトプータス・
ツェントルス
Lido 'Atpūtas Centrs'
🏠 Krasta iela 76
📞 +371 67504420
　　+371 67700000
🕐 11:00-13:00（ビストロ）
　　13:00-23:00（レストラン）
　　定休日なし
🌐 lido.lv/eng
✉ reservation@lido.lv

P98
アンナ・レド・スタジオ
Anna Led Studio
🏠 Dzirnavu iela 84,
　　Berga Bazārs
📞 +371 67455432
🌐 annaled.com
✉ info@annaled.com

P98
ナルシス
Narciss
🏠 Marijas iela 13,
　　Berga Bazārs
📞 +371 67282785
🕐 月〜土10:00-18:00
🌐 narcissfashion.com
✉ info@narcissfashion.com

P98
クラセ
Klase
🏠 Dzirnavu iela 83/85
📞 +371 27791635
🌐 modesklase.lv

P98
ナターリヤ・ヤンソネ
Natālija Jansone
🏠 Jāņa iela 3（ショールーム）
📞 +371 67222450
🌐 natalijajansone.lv

P98
アモーラレ
Amoralle
🏠 Brīvības iela 33
📞 +371 24550565
🌐 amoralle.com

P100
セナー・クレーツ
Senā Klēts
🏠 Rātslaukums 1
📞 +371 67242398
🕐 月〜金10:00-19:00
　　土・日11:00-18:00
🌐 senaklets.lv
✉ info@senaklets.lv

P100
ホビーウール
Hobbywool
- Mazā Pils iela 6
- +371 27072707
- 月〜土 10:00-18:00
  日 11:00-15:00
- hobbywool.com
- info@hobbywool.com

P104・114
エトゥモ
Etmo
- Arsenāla iela 7
- +371 29134999
- 月〜土 11:00-19:00
  日 11:00-17:00
- etmo.lv
- info@etmo.lv

P106・108
ステンダース
Stenders
- Laipu iela 1
- +371 67205439
- 月〜土 10:00-20:00
  日 10:00-19:00
- stenders-cosmetics.com
  stenders.jp（ステンダース・ジャパン）
- 複数店舗（詳細はHP参照）

P108
マダラ
Madara
- Janvala iela 8, Stockmann
- +371 67071222
- 月〜土 10:00-22:00
  日 10:00-21:00
- madaracosmetics.com/en
- 複数店舗（詳細はHP参照）

P108・116・164
ピエネネ
Pienene
- Kungu iela 7/9
- +371 67210400
- 10:00-20:00
  夏至祭 10:00-16:00（6/23）
  夏至祭 13:00-20:00（6/24）
  定休日なし
- en.studijapienene.lv

P109
ムニオ・キャンデラ
Munio Candela
- muniohome.com/candles
- キャンドルはリイヤ、ピエネネなどで購入可
  （詳細はHP参照）

P110
アルス・テラ
Ars Tela
- Smilšu iela 18
- +371 67334545
- arstela.lv/arstela/eng/welcome

P115
シー・フィックス
She Fix
- shefix.org
- オンラインのみ
  （詳細はHP参照）

P116・120
ナイス・プレイス
Nice Place
- Kr. Barona iela 21A
- +371 27422212
- 月〜金 11:00-19:00
  土 12:00-19:00
  日休
- niceplace.lv/en
- niceplace@niceplace.lv

P116
ヤーニス・ルアゼ書店
Jānis Roze
- Kr. Barona iela 5
- +371 67284288
- 月〜金 10:00-20:00
  土 10:00-19:00
  日休
- 複数店舗（詳細はHP参照）

P122
ベンジ・ニューマン
Benji Knewman
- benjiknewman.com

P124
エミールス・グスタフス
ショコラーデ・カフェニーツァ
Emīls Gustavs
'Šokolādes Kafejnīca'
- Blaumana iela 38/40
- +371 27659383
- 9:00-22:00
  （祝日は変更あり）
  定休日なし
- emilsgustavs.com

P124
ライマ
Laima
- Miera iela 22
- +371 28655141
- 月〜金 8:00-21:00
  土・日 9:00-20:00
- laima.lv/en
- 複数店舗（詳細はHP参照）

P124
ライマ・チョコレートミュージアム
Laimas Šokolādes Muzejs
- Miera iela 22
- +371 28655141
- 火〜土 10:00-19:00
  月・11/18（独立記念日）休

P124
プーレ・チョコレート
ミュージアム
Pūres Šokolādes Muzejs
🏠 Pūre 9, Pūre
📞 +371 22100042
🕐 月〜金9:00-17:00
　 土11:00-18:00
　 日11:00-15:00
🌐 purechocolate.eu.com/en

P127
55マーリーテス
55 Mārītes
🏠 Poruka iela 2, Madona
📞 +371 29460345
🌐 marites.biz/sakums

P135
ダブル・コーヒー
Double Coffee
🏠 Vaļņu iela 11
📞 +371 67503199
🕐 月〜木・日9:00-翌1:00
　 金・土9:00-翌6:00
🌐 doublecoffee.lv
🏢 複数店舗（詳細はHP参照）

P138
リド ヴェールマニティス店
Lido 'Vērmanītis'
🏠 Elizabetes iela 65
📞 +371 67286289
🕐 月〜土9:00-22:00
　 日10:00-22:00
✉ info@vermanitis@lido.lv

P140
1221
Restorāns 1221
🏠 Jauniela 16
📞 +371 67220171
🕐 12:00-23:00
　 定休日なし
🌐 1221.lv

✉ 1221@apollo.lv

P140
ヴィンセンツ
Restorāns Vincents
🏠 Elizabetes iela 19
📞 +371 67332830
🕐 火〜土18:00-22:00
🌐 restorans.lv/en
✉ restorans@restorans.vincents.lv

P140
ビブリオテーカN°1
Bibliotēka N°1 Restorāns
🏠 Tērbatas iela 2
📞 +371 20225000
🕐 月〜土12:00-24:00
　 日11:00-24:00
　 （ブランチ11:00-16:00）
🌐 restoransbiblioteka.lv/en
✉ info@restoransbiblioteka.lv

P140
3パヴァル
3 Pavāru Restorāns
🏠 Torņa iela 4
📞 +371 20370537
🕐 12:00-23:00
　 定休日なし
🌐 3pavari.lv/en
✉ 3pavari@3pavari.lv

P140
ヴァルテラ
Valtera Restorāns
🏠 Miesnieku iela 8
📞 +371 29529200
🕐 日〜木12:00-22:00 (L.O.)
　 金・土12:00-23:00 (L.O.)
🌐 valterarestorans.lv/en
✉ info@valterarestorans.lv

P140
ジヴジュ・レストラーンス

Zivju Restorāns Le Dome
🏠 Miesnieku iela 4
📞 +371 67559884
🕐 月〜金7:00-23:00
　 土・日8:00-23:00
🌐 zivjurestorans.lv/en
✉ restaurant@domehotel.lv

P140
ラプサス・マーヤ
Lapsas Māja
🏠 Mārupes iela 3/5
📞 +371 29242661
🕐 8:00-20:00
🌐 lapsasmaja.lv

P144
インデックス・カフェ
ブリーヴィーバス大通り店
Index Cafe 'Brīvības bulvāris'
🏠 Brīvības bulvāris 32
📞 +371 67287729
🕐 月〜金7:00-21:00
　 土8:00-22:00
　 日8:00-20:00
🌐 indexcafe.lv/en/site

P144
インデックス・カフェ
アントニヤス通り店
Index Cafe 'Antonijas iela'
🏠 Antonijas iela 12
📞 +371 67806409
🕐 月〜金7:30-20:00
　 土・日9:00-20:00
🌐 indexcafe.lv/en/site

P144
ミュート
Mute
🏠 Tērbatas iela 63
📞 +371 26003636
🕐 月〜木8:00-23:00
　 金8:00-1:00
　 土10:00-1:00

日10:00-19:00

P144
トルシス・カフェ
Trusis Kafe
- Dzirnavu iela 43
- +371 29335821

P144
ノムノム・カフェ
Nomnom Cafe
- Tērbatas iela 28
- +371 28343776
- 月～金9:00-21:00
  土・日10:00-20:00
- nomnomcafe.lv

P148
カフェ・シエナ
Café Sienna
- Strēlnieku iela 3
- +371 26142286
- 月～金8:00-19:00
  土・日11:00-18:00
- sienna.lv
- inga@sienna.lv

P148
マルチェルス
M'archers
- Strēlnieku iela 1A
- +371 27000030
- 月～木11:30-19:30
  金11:30-22:00
  土10:00-17:00
  日休
- marchers.lv

P150
アルブーズ
Arbooz
- Dzirnavu iela 34A
- +371 26530164
- 月～金10:00-20:00
  土11:00-18:00
  日休
- arbooz.lv/en

P166
カスパルス・ゼミーティス
Kaspars Zemītis
- kasparszemitis.lv

P174
ラトビア国立美術館
Latvijas Nacionālais
Mākslas Muzejs
- Kr. Valdemāra iela 10
- +371 67324461
- 火～木10:00-18:00
  金10:00-20:00
  土・日10:00-17:00
  月休
- lnmm.lv/en/lnma

P174
アルセナールス
Izstāžu Zāle Arsenāls
- Torņa iela 1
- +371 67357527
- 火・水11:00-18:00
  木11:00-20:00
  金10:00-18:00
  土・日12:00-17:00
  月休
- lnmm.lv/en/aeh

P174
リーガ・アートスペース
Rīgas Mākslas Telpa
- Kungu iela 3
- 11:00-18:00
  定休日なし
- makslastelpa.lv
- makslastelpa@riga.lv

P174
Kim?（現代美術センター）
Kim? Laikmetīgās Mākslas
Centrs
- Sporta iela 2
- 火12:00-20:00
  水～日12:00-18:00
  月休
- kim.lv/sakumlapa
- kim@kim.lv

P174
ノアス
NOASS
- AB dambis 2
- +371 29474401
- noass.lv/into/en
- dzintars@noass.lv

P174
ギャレリヤ・イスタバ
Galerija Istaba
- Kr. Barona iela 31a
- +371 67281141
- 12:00-21:00（ギャラリー）
  12:00-23:00（レストラン）
- facebook.com/galerija
  ISTABA
- istaba@istaba.lv

P175
ダウガフピルス・マーク・
ロスコ・アートセンター
Daugavpils Marka Rotko
Mākslas Centrs
- Mihaila iela 3, Daugavpils
- +371 65430279
- 火・日11:00-17:00
  水～土11:00-19:00
  月休
- rothkocenter.com/en/rmc

Informācija 2
ラトビアの行き方・動き方

ラトビアへの行き方

飛行機

日本からの直行便はありませんが、ヨーロッパかトルコ経由なら乗り換え1回でリーガに行けます。主な航空会社は、フィンランド航空（ヘルシンキ経由）、ルフトハンザ・ドイツ航空（フランクフルト経由）、アエロフロート・ロシア航空（モスクワ経由）、ターキッシュ・エアラインズ（イスタンブール経由）、スカンジナビア航空（コペンハーゲン経由）などです。

◎フィンランド航空
　（成田・名古屋・関空・福岡発）
　finnair.co.jp
◎ルフトハンザ・ドイツ航空
　（羽田・名古屋・関空発）
　lufthansa.co.jp
◎アエロフロート・ロシア航空（成田発）
　japan.aeroflot.aero
◎トルコ航空（成田・関空発）
　turkishairlines.com
◎スカンジナビア航空（成田発）
　flysas.co.jp

ラトビアでの動き方

〈1〉バス・トラム

リーガの路線は合わせて60本近くあり、rigassatiksme.lv/enですべてのルートが検索できます。料金は距離とは関係なく、乗車1回ごとに課金されるシステム。現金の場合は、乗るときに運転手へ2ユーロ支払い、レシートをもらいます。電子チケットのエタロンスなら1回の乗車で1.15ユーロ。購入時に乗車回数を指定でき（20回まで）、多くなるほど割安になります。エタロンスは、ナルヴェセンや大きいバス停に設置された自動販売機で購入できます。再チャージはできず、購入するごとに新しいチケットをもらいます。乗車時は、乗車口脇にあるグレーの機械にタッチすると支払いが完了。エタロンスもレシートも提示を求められることがあるので、大切に保管しましょう。国際線は、中央市場の隣にあるバスターミナルから。利用する会社により窓口が違います。

◎ 空港から旧市街へ
空港正面のバス停から22番バスで約30分、222番ミニバスで15分。終点はリーガ中央駅近くにある映画館「フォーラム・シネマ」の前です。バスは5:45〜23:50（平日は翌0:10）まで、1時間に3〜6本運行しています。

◎ 旧市街から空港へ
22番か222番ミニバスで終点のリドアスタ（Lidosta）まで。旧市街南にあるバス停、1月13日通り（13. Janvāra iela）や、市庁舎広場近くのグレーツィニエク通り（Grēcinieku iela）が、旧市街からだと利用しやすいでしょう。5:45〜23:10（平日は23:30）まで、1時間に3〜6本運行しています。

※ 夜間バスに乗る場合、リーガ中央駅のバス停（Centrālā Stacija）は駅の裏側、あまり治安のよくないエリア側にあるのでおすすめできません。

〈2〉電車

国内の電車の検索は、pv.lv/enから。リーガ中央駅の構内にある、赤い看板のインフォメーションセンターでは英語で切符を買うことができます。駅には改札がないので、直接ホームに進んで電車に乗り、車内で車掌に切符を見せましょう。インフォメーションセンターがない、無人駅など駅の窓口で切符が買えない場合は車内で買えます。国際線は少なく、リトアニアのヴィリニュス、ロシアのモスクワ、サンクトペテルブルグ行きのみ。

〈3〉タクシー

正式に登録されたタクシーは黄色のナンバープレートをつけています。街中では基本的に流しのタクシーは少ないので、電話で呼ぶか、ホテルのフロントで呼んでもらうほうが確実です（流しのタクシーによるボッタクリ事例があります）。数名で移動するなら、他の交通機関を乗り継ぐより料金も安くお得でしょう。メーター制で初乗り運賃は2ユーロ程度、1kmにつき0.5〜0.7ユーロが追加されるシステムです。

◎ バルティックタクシー（Baltic Taxi）
+371 20008500／+371 20008603（リーガ国際空港から呼ぶ場合）
Skype＝Baltictaxi_Latvia

〈4〉レンタサイクル

シクスト（Sixt）は、電話で駐輪場に停めてある自転車の鍵の番号を教えてもらい借りるシステム。sixtbicycle.lv/en（英語）から申し込みができます。宿泊施設では、自前のレンタサイクルを持っていたり、業者と提携していたりすることも多いのでスタッフに聞いてみるといいでしょう。

Informācija 3
日本でめぐるラトビア

ラトビア共和国大使館公認の日本初のラトビア雑貨専門店。「心がホッコリするラトビアの商品」がメインに揃う。毎月20日頃に入荷するライ麦100%の黒パンはいつも売り切れてしまうほど人気。各地での催事にも精力的に出店し、交流イベントや現地ツアーなどの企画もおこなっている。2016年末発売の日本語版『ラトビアのミトン』の発刊にも尽力。

リガコレクション
- 東京都目黒区自由が丘1-25-9
  自由が丘テラス1階 103A
- 03-3712-7071
- riga-latvia-gbs.com
- 2017年1月21日新店舗開店予定

athalie

山脇美術専門学院創立者・山脇敏子の系譜を四世代にわたって受け継ぐセレクトショップ。ラトビア人デザイナー ギンタ・スィツェヴァ氏によるブランド「Ginta」のアクセサリーを扱う他、イベントの開催などを幅広く手がける。現オーナーの平山寛子さんは、幾度もラトビアを訪れ、女性誌によるラトビア特集にも登場するなど精力的に活動している。

アタリー
- 東京都港区南青山6-6-25
- 03-3400-5744
- 月〜土10:00-18:00
  日休
- athalie.jp
- athalie@kind.ocn.ne.jp

ラトビア共和国大使館
- 東京都渋谷区神山町37-11
- 03-3467-6888
- 月〜金9:00-17:00
  祝（日本・ラトビア）休
- embassy.japan@mfa.gov.lv

ラトビア投資開発公社
ツーリズムデパートメント
- 東京都中央区東日本橋3-9-11 5F
- 日・月・祝休
- 03-6661-2045
- latvia.travel/ja

関西日本ラトビア協会
- 大阪府大阪市北区梅田3-3-5
  大和ハウス工業大阪ビル
  秘書室内
- 06-6342-1396
- jlsk-kansai.com
- o-latvia@daiwahouse.jp

SUBARU

ラトビアの自然や文化に魅了された店主の溝口明子さんが、現地の工房を歩いて見つけた、丁寧な手仕事から生まれるラトビアの工芸品や雑貨を取り扱う専門店。溝口さんは、ラトビア伝統楽器クアクレの演奏や講演活動、現地取材のコーディネーションなどラトビアと日本の架け橋として活躍中。2016年には、「持ち帰りたいラトビア」（誠文堂新光社）を出版。

スバル
- 兵庫県神戸市中央区海岸通1-2-14
  中村ビル2階
- 078-331-1884
- 不定期営業（詳細はHP参照）
- subaru-zakka.com
- subaru_zakka@ybb.ne.jp

STENDERS

2001年ハンドメイドソープのブランドとしてリーガに誕生。美しく保湿力に優れたスキンケア商品は世界各地で愛されている。

LATVIA HAZE
BATH RITUAL

ラトビアの自然の恵みを上手に暮らしの中に取り込む、バスタイム関連商品の新ブランド。

ステンダース／ラトビア・ヘイズ
- 大阪府大阪市中央区内本町2-3-1
- 06-6941-5060
- 火～金11:00-20:00／土11:00-15:00
  日・月・祝休
- stenders.jp（ステンダース）
  facebook.com/www.latviahaze.jp
  （ラトビア・ヘイズ）

日本ラトビア音楽協会
- 神奈川県相模原市
  若松1-14-10
  遠藤税理士事務所内
- 042-745-3334
- jlv-musica.net
- 0424668801@jcom.home.ne.jp

日本とラトビアをつなぐ姉妹都市

姉妹関係を締結している日本とラトビアの自治体には、神戸市とリーガ市、北海道上川郡東川町とルーイエナ州ルーイエナ町があり、それぞれ交流事業を実施している。

Pēcvārds
おわりに

2013年冬。とあるパーティーで、お茶のプロデュースを依頼されます（僕の本業はお茶屋です）。主催はラトビアの小さなチョコレートメーカー。そこで出会った人たち、そしてその後のやりとりの中で、僕はこの小さく美しい国に惹かれていきます。訪れたことのない街に思いを馳せるのは、いつだってうっとり切ない片想いのような作業です。僕が営むカフェにときどきやってくるウエミチさんは旅をしながら文章を書く人。彼女がラトビアに行ったと聞いてすぐさま、何か書いてくれないだろうかと直談判。同時に前述のパーティーを主催した西田さんにも監修をお願いしました。

僕自身も含め、旅の情報なんてインターネットを通じて入手するのが当たり前でしょう。ガイドブックを持ち歩く旅行者に出会うことも、そうそう無くなりました。でも敢えて、紙とインクからなる写真と文字から、その国の、街の、路地の、いろんな匂いを感じてくれたらな、と思います。あなたがラトビアを訪れるときに（運良くスーツケースに本1冊分の隙間があったら）、この本を携えて街を歩いてみてください。きっといくつかのお店では「あ、その本……」と声をかけてくれる人がいると思います。

素敵な文章を綴ってくれたウエミチさん、北欧との広い交友や見識から多角的なご意見やインタビュー記事を担当してくれた西田さん、この本を出したい！といってくれた雷鳥社の谷口さん、そしてそれを引き継いだ編集の益田さん、駐日ラトビア共和国大使館、Gunta、Zarjana、そして本書に関わってくれた全てのラトビアの人たちに感謝を。

三宅貴男

はじめてラトビアを訪れたのは、2010年の1月でした。バルト海をはさんで対岸のストックホルムに留学したことがあったので、北欧の冬には慣れているつもりでしたが、その冬のリーガは－30度に迫る未体験の寒さ。たまらず立ち寄った旧市街のカフェで飲むバルザムのホット・カクテルが、冷え切った体と心に温かく沁みわたったことを覚えています。2012年にはリーガの街で人生初のフルマラソンを走り、翌2013年にはダウガフピルスに新設されたばかりのマーク・ロスコ・アートセンターにレジデント・アーティストとして招聘される幸運にも恵まれました。

本書の著者の1人、三宅さんと知り合ったのは、ラトビアのハンドメイド・チョコレートを輸入販売したのがきっかけ。その後、ウエミチさんと共にラトビアを紹介する本を企画されていることを知り、私も微力ながら、コラムの執筆、現地とのコーディネーションなどをお手伝いさせていただくことになりました。この場を借りて、取材に協力してくれたラトビアの友人たち、ならびに日本におけるラトビア紹介の先輩たちに感謝の意を表します。

本書の特色は、いわゆる"ラトビア通"ではなく、新たに「ラトビアを発見した」お2人のフレッシュな目と感性を通じて、より広く日本のみなさんにラトビアを知っていただくきっかけを提供していることにあります。デザイナーの林さんの手腕と尽力もあり、手元に置いて眺めるだけでも行ってみたくなる、そんな1冊に仕上がったのではないでしょうか？

西田孝広

世界遺産の都へ「ラトビア」の魅力100

2017年1月25日 初版第1刷発行

写真・文 ＝ ウエミチメグミ／三宅貴男
コラム寄稿・監修協力 ＝ 西田孝広
デザイン ＝ 林 真（vond°）
編集 ＝ 益田 光
印刷・製本 ＝ シナノ印刷株式会社
発行者 ＝ 柳谷行宏
発行所 ＝ 雷鳥社
〒167-0043
東京都杉並区上荻2-4-12
TEL 03-5303-9766
FAX 03-5303-9567
HP http://www.raichosha.co.jp
E-mail info@raichosha.co.jp
郵便振替 00110-9-97086

本書の無断転写・複写をかたく禁じます。
乱丁、落丁本はお取り替えいたします。

©Megumi Uemichi / Takao Miyake / Takahiro Nishida / Raichosha 2017 Printed in Japan.
ISBN978-4-8441-3702-3 C0077

※本書では、Latvijaを「ラトビア」、Rīgaを「リーガ」と表記し、統一しています。また、ラトビア語名の表記につきましては、現地での用法と異なる場合があります。

※掲載している情報は、取材当時のものです。

写真提供
◎ 西田孝広
P10下、14、16-17、28上、31右、32右下、34-35、38、42-43、45、46右上・左下、52左上・右下、60-63、65、78右上・右下、87、92、95、96、98左、122、129、139右上、140-143、156、158-159、162、164右上、174-175、186左
◎ 溝口明子
P11、36、88、166右
◎ Sergey Ortinsky
P46右上
演目＝Anna Karenina／振付＝Boris Eifman
ダンサー＝Ilana Puhova、Sergey Neykshin
◎ Anna Jurkovska
P46右下
演目＝Bayadere／振付＝Aivars Leimanis

協力
ラトビア共和国大使館／Gunta Rubene
Zarjana Žaržavska／Kristīne Kampenusa
Natasha Golubeva

上記に加え、ご協力いただいたすべての個人、組織の皆様に感謝の意を表します。

Mēs vēlētos pateikties visiem tiem cilvēkiem un organizācijām, kas palīdzēja mums šīs grāmatas tapšanā.